rowohlts monographien
begründet von Kurt Kusenberg
herausgegeben
von Klaus Schröter

Matthias Claudius

mit Selbstzeugnissen
und Bilddokumenten
dargestellt von
Peter Berglar

Rowohlt

Für Vera

Dieser Band wurde eigens für «rowohlts monographien» geschrieben
Den Anhang besorgte der Autor
Herausgeber: Kurt Kusenberg · Redaktion: Beate Möhring
Schlußredaktion: K. A. Eberle
Umschlagentwurf: Werner Rebhuhn
Vorderseite: Matthias Claudius. Gemälde von Friederike Leisching.
Museum für Hamburgische Geschichte, Hamburg
Rückseite: Titelblatt der «Sämmtlichen Werke»,
Hamburg und Wandsbeck, 1775

Veröffentlicht im Rowohlt Taschenbuch Verlag GmbH,
Reinbek bei Hamburg, Oktober 1972
Copyright © 1972 by Rowohlt Taschenbuch Verlag GmbH,
Reinbek bei Hamburg
Alle Rechte an dieser Ausgabe vorbehalten
Satz Aldus (Linofilm-Super-Quick)
Gesamtherstellung Clausen & Bosse, Leck
Printed in Germany
880-ISBN 3 499 50192 9

20.–22. Tausend Dezember 1987

Inhalt

Am Rand der Mitte 7
Ein Boten-Leben 10
   I. Werden 10
   II. Wachsen 31
   III. Vollenden 59
Journalist und Dichter 76
Rezensent und Übersetzer 93
Der Familienvater 98
Der Christ 114

Anmerkungen 129
Zeittafel 138
Zeugnisse 140
Bibliographie 143
Namenregister 154
Über den Autor 158
Quellennachweis der Abbildungen 158

Matthias Claudius. Zeichnung, wahrscheinlich von Friederike Leisching, 1789

AM RAND DER MITTE

Matthias Claudius ist für die zünftige Literaturwissenschaft in gewisser Weise ein «enfant terrible». Zum Wesen dieser wie jeder Wissenschaft gehört nämlich die Charakterisierung, die Einordnung und Gruppierung der einzelnen individuellen, «originären» Phänomene, seien es Gestalten oder Werke, welche sonst, vereinzelt und massenhaft zugleich, dahin- und an uns vorbeiflössen, kurz: die Systematisierung der Lebensfülle und Bildervielfalt nach gemeinsamen Erkennungsmerkmalen. Ohne die jeweilige komplexe Individualität des jungen Goethe, Klingers oder Lenz', des Novalis, Friedrich Schlegels oder Clemens Brentanos, Hermann Bahrs, Arthur Schnitzlers oder Hugo von Hofmannsthals im geringsten zu vernachlässigen, bleibt für das Erfassen eines geistes-, literatur- und sprachgeschichtlichen Zusammenhangs doch die Subsumierung dieser Namen unter die Begriffe «Sturm und Drang», «Frühromantik», «Junges Wien» verbindlich. Die Ordnungsprinzipien sind zahlreich und variabel – die Notwendigkeit, überhaupt welche zu haben und immer wieder neue zu schaffen, bleibt unabdingbar.

Claudius nun will in die altbewährten Schubfächer der deutschen Literaturgeschichte nicht so recht passen. Zwar entrichtet er als junger Student in Jena dem Zeitgeschmack seinen Tribut, wenn er im Erstling *Tändeleien und Erzählungen* (1763) reimt:

> *Itzt hob sich Chloens Busen,*
> *Und Amor freute sich.*
> *Er stieg mit Chloens Busen,*
> *Und stieß, da traf er mich.*[1]*

Aber diese Mode fällt schnell von ihm ab, und niemand wird ihn unter die Rokokodichter und Anakreontiker nach Art eines Friedrich von Hagedorn oder «Vater» Gleim rechnen. Wie bei Rousseau und den vielen mehr oder minder direkt und stark von ihm beeinflußten Schriftstellern der sechziger und siebziger Jahre des 18. Jahrhunderts in ganz Europa spukt auch bei Claudius der «fromme Heide» und der seufzende Schwarze:

> *Weit von meinem Vaterlande*
> *Muß ich hier verschmachten und vergehn,*
> *Ohne Trost, in Müh' und Schande;*
> *Ohhh die weißen Männer!! klug und schön!*
>
> *Und ich hab' den Männern ohn' Erbarmen*
> *Nichts getan.*
> *Du im Himmel! hilf mir armen*
> *Schwarzen Mann!*[2]

Doch zählte er gewiß nie zu den «Empfindsamen», und wenn er an Herder von den *Sprachgebärden und rohen Schrei's der ersten Völker*, von der

---

* Die hochgestellten Ziffern verweisen auf die Anmerkungen S. 129 f.

Wunde in der Hüfte des Adonis und von *Jupiters Schlafmütze* schreibt[3] oder Voß und Hölty anbietet: *Für eine Hütte für Euch Hirten will ich sorgen*[4], dann drückt das eher lustige Ausgelassenheit als Schäferpoesie aus. Auch ein latenter oder gar offenkundiger Revolutionär läßt sich nicht aus ihm machen. Verse wie

> Gut sein! Gut sein! ist viel getan,
> Erobern ist nur wenig;
> Der König sei der bess're Mann,
> Sonst sei der bess're König![5]

enthalten kein politisches Programm, und ihnen stehen zahlreiche Huldigungsgedichte an das dänische Königshaus gegenüber.

Claudius hat einige der wunderbarsten Gebilde der deutschen Lyrik geschaffen, aber sie spotten der professionellen Klassifizierung – vielleicht vor allem deshalb, weil sie nicht von einem «Professional» der Dichtung stammen, nicht also Kunstwerke eines Dichters sind, der ganz bewußt mit allen seinen Kräften nach Selbst- und Weltdarstellung (und eines im andern) verlangt, sondern weil sie als Eingebungen und Zu-Fälle einer glücklichen schöpferischen Stunde aus jenem Urvorrat von Bildern, Stimmungen, Erkenntnissen aufsteigen, der einer geschichtlich gewachsenen Menschengruppe, sagen wir ohne Umschweife: einem Volke, eignet und den gerade das 18. Jahrhundert, Herder vor allem, entdeckte und bewußt machte. Kategorisierungen wie «klassisch», «romantisch», «naturalistisch» treffen da nicht. Eine Art von «natürlicher Urpoesie», etwas, das, wenn auch heute weithin verschüttet, ohne Zweifel existiert, gewinnt plötzlich unter einer günstigen Konstellation von verschiedenen Umständen des äußeren und inneren Lebens Stimme und tritt durch eine Individualität wie durch eine Membran hindurch, sie unter Umständen nur auf Zeit zum Poeten machend, an den Tag. Das vollendete Kunstwerk kann unter unsäglichen Mühen gemacht, erarbeitet werden, und seine Vollendetheit bezeugt sich gerade darin, daß diese Mühen nicht mehr erkennbar sind – doch es kann auch plötzlich und unerwartet da sein, ein freies Geschenk des Augenblicks. Goethe, die Droste, Rilke, Trakl bieten für beide Möglichkeiten viele Beispiele.

Claudius gehörte nicht zu den Bildhauern und Architekten der Sprache und der Stoffe; die harte Steinmetzarbeit war nicht seine Sache. In Prosa redete er, wie ihm der Schnabel gewachsen war, aber keineswegs unkontrolliert, konfus oder absichtslos. Im Gegenteil: er besaß, darin Pestalozzi ähnlich, bei aller Kindlichkeit und Bescheidenheit den sicheren Instinkt für erzieherische Wirkung; ein Naturtalent der Pädagogik. Als Lyriker war er ein «Sterntaler-Kind», ihm fielen ein paar der glänzendsten Sterne buchstäblich in den Schoß: *Das Abendlied, Das Kriegslied, Der Mensch, Der Tod und das Mädchen*. Vieles, was er so reimte, ist freilich weniger karätig gewesen, und manche seiner Verseschmiedereien verunglückten ganz. Juwelen wie Alltagsware nahm und gab er gelassen. Über sich als Künstler, als Dichter, überhaupt als Gestalt des geistigen Lebens seiner Zeit reflektierte er kaum.

Aber über die Welt und über den Menschen in ihr, über Gott und über das Heils-Werk Christi hat Matthias Claudius sehr viel nachgedacht, je älter er wurde, desto mehr und intensiver. Schließlich wurde der christliche Offenbarungsglaube das Generalthema seines letzten Lebensjahrzehnts; der siebte und achte (letzte) Teil der *Sämmtlichen Werke* (des *Wandsbecker Bothen*) standen ganz in seinem Zeichen. Doch auch hier bleibt Claudius Außenseiter. Überzeugter evangelisch-lutherischer Christ, aber doch kein Orthodoxer, allerdings auch kein «Vernünftler» im Sinne der Aufklärung. Durchaus streitlustig und ohne hinter dem Berge zu halten mit seinen Auffassungen von Religion und Staat, steigt er in die Arena der publizistischen Tageskämpfe, doch niemals vergißt er Toleranz und Generosität: ob es nun darum geht, dem wegen seines Übertritts zur katholischen Kirche wüst beschimpften, von allen alten Freunden verlassenen Grafen Friedrich Leopold zu Stolberg die Treue zu halten oder dem toten Lessing, unbeschadet aller inneren und geistigen Gegensätze, bleibenden Respekt zu bezeigen. Claudius verwarf die Ideen von 1789. Die «Befreiung der Vernunft» als das helle Licht eines neuen Menschheitstages vermochte er nicht zu erkennen; Volksherrschaft, Republikanismus, Aufruhr und gewaltsame Veränderungen lehnte er ab. Er blieb ein Untertan aus der Überzeugung und dem Obrigkeitsverständnis Luthers heraus, und er hat das nicht nur schweigend geübt, sondern sehr beredt in seinen Schriften vertreten. Trotzdem vermochte die reaktionär-restaurative Gegenbewegung, die mit dem neuen Jahrhundert einsetzte, ihn nicht für sich zu reklamieren.

Wenn denn nun Bahn geworden, schreibt der Vierundsiebzigjährige 1814, *und das Himmelreich nahe herbeigekommen ist, so ist es Zeit, dem Himmelreich Gewalt zu tun und es für sich und andre zu sich zu reißen; so ist es Zeit, nicht bloß den alten Schaden zu bessern, sondern einen von Grund aus neuen Bau des Reichs Gottes zu gründen ... Zuerst und vor allem können die Fürsten und Vorgesetzten der Völker dazu beitragen. Ihren Händen ist die Sorge für andre Menschen von Gott anvertraut ... Der geringste ihrer Untertanen und Untergebenen ist ein Mensch wie sie und wird geachtet vor Gott.*[6] Solche Sätze, denen sich viele andere zur Seite stellen lassen, prätendierten gewiß keine Heilige Allianz und keine kriegerische Interventionspolitik, wenn auch deren Initiatoren sie wohl, falls sie sie gekannt hätten, für sich in Anspruch genommen haben würden.

Mit der Unbefangenheit eines «geistlichen Naturburschen», der Claudius weit eher als ein Theologe und Philosoph war – unbeschadet seiner hohen Bildung und weitgespannten Gelehrtheit –, hat er sich in die Spinoza-Auseinandersetzung Friedrich Heinrich Jacobis mit Lessing und Mendelssohn eingeschaltet und sich nicht gescheut, Kants strikte Trennung der apriorischen Vernunft, die Erfahrung erst möglich macht, von der geoffenbarten Glaubenswelt anzugreifen; in langen Briefen an Freund Jacobi versuchte er Kants Lehre zu widerlegen. Das gelang freilich nicht, da war er in eine für ihn zu große, zu schwere Rüstung geschlüpft und führte Waffen, die über seine Kräfte gingen.

Nur mit Einschränkungen und Erläuterungen ist der Wandsbecker Bote, ist *Asmus* Dichter, Philosoph, Theologe zu nennen. Manchmal erscheint er mehr als Journalist, als Volksschriftsteller, oder als das norddeutsche Pendant zu Johann Peter Hebel. An alldem ist etwas – aber ein Zögern bleibt, es ist doch nicht der ganze Claudius. Von Hebel unterscheidet ihn der größere religiöse Tiefgang; Volksschriftsteller ist er, bezogen auf das Gesamtwerk, nur in wenigen Stücken; der Journalist aber schöpfte aus Kräften und Vorräten, die vor und außer dem «jour», die «unter Tage» liegen, und was er dem Tag, seinem Tag, zu melden wußte, das reicht weit über den Tag, auch den unseren, hinaus.

Wohin also mit Claudius? Wie erfrischend, es mit einem Mann zu tun zu haben, der ein Original, ein ganzer Kerl und ein wirklicher Herr – Verteidiger der Schwachen und in die Ecke Manövrierten – gewesen ist und den man nicht einfach unter einem konventionellen Stichwort ablegen kann. *Asmus* nahm viele Rufe auf und gab viele Rufe weiter. Aber er hatte selbst keinen Beruf, denn die Altonaische Bankrevisor-Stelle, die er 1788 durch die Gunst des dänischen Kronprinzen erhielt, war eine Sinekure. An den Maßstäben bürgerlichen Nutzwertes und gesellschaftlicher Bedeutung gemessen stand Claudius am Rande der aufgeregten, ja hektischen Betriebsamkeit, die für die Intellektuellenschicht jener in mehr als einem Sinne revolutionären Epoche kennzeichnend ist. Obwohl er mit Klopstock, Lessing, Wieland, Herder, Hamann, Goethe in Kontakt stand, lebte und wirkte er dennoch an der Peripherie – dies auch schon rein äußerlich insofern, als Reinfeld, Wandsbeck (heute Wandsbek geschrieben), Altona, Claudius' Heimat Holstein, der Nordsaum des Reiches, in Personalunion mit Dänemark verbunden war; der dänische König war als Holsteins Landesherr Reichsfürst. Die Einflüsse der benachbarten Freien Hansestadt Hamburg und die Ausrichtung auf das Zentrum Kopenhagen mochten sich zeitweise die Waage halten. Das Wesentliche ist, daß Claudius auch «kulturgeographisch» in einer Randposition stand: die Zentren der großen geistigen Bewegungen Deutschlands in den Jahrzehnten zwischen 1775, als der 1. und 2. Teil des *Asmus* erschien, und 1815, als sein Autor starb, lagen in Berlin, in Weimar und Jena, in Heidelberg und Dresden. So hat der Wandsbecker Bote zwar nur vom Rande der Mitte her gesprochen, aber seine Botschaft wurde gehört und hat sich bis heute erhalten.

EIN BOTEN-LEBEN

I. Werden

Der äußere Lebensablauf des Matthias Claudius weist keine dramatischen und sensationellen Geschehnisse auf. Da Claudius am Rande der «großen Welt» ein unauffälliges Dasein führte, wurde er auch nicht in die mannigfaltigen, erregenden, komplizierten Verhältnisse, in all die inneren und äußeren Wirren, die Ver- und Entwicklungsphasen hineingerissen, die das Leben der Großen, eines Goethe, Schiller, Kleist, Friedrich Schlegel oder Wilhelm von Humboldt, kennzeichnen. Das bedeutet indes nicht, daß sein Leben ohne Höhen und Tiefen, ohne Werde- und Reifungsstufen, daß es «langweilig» gewesen sei; so wenig wie das Leben Adalbert Stifters oder Gottfried Kellers «langweilig» gewesen ist. Nur: es war nicht «aufre-

Reinfeld. Lithographie von G. F. Fritz nach einer Zeichnung von G. Hjul, 1840

gend», weil es nicht aufgeregt war, es empfing seine Prägung nicht aus Zwiespältigkeiten und Händeln, nicht aus Spannungen und Konflikten mit Welt und Menschen, sondern von den einfachen Dingen, von Ehe und Familie, von Alltagssorgen um das tägliche Brot, aus Nähe zur Natur und aus schlichtem Glauben. In der Bewältigung und Pflege dieser einfachen Dinge, die in Wirklichkeit so schwer sind, hat sich Claudius als Meister gezeigt.

Matthias Claudius wurde am 15. August 1740 zu Reinfeld in Holstein geboren. Der Vater, der ebenfalls Matthias hieß, war – wie auch schon der Großvater – Pfarrer. In Süderlügum 1703 zur Welt gekommen, erhielt er 1728 seine erste Pfarrstelle in Norburg auf Alsen; ein Jahr später finden wir ihn als Pastor in Reinfeld, wo er bis zu seinem Tode 1773 wirkte. Er war zweimal verheiratet. In erster Ehe (1730) mit Lucie Magdalene Hoe, die aus Flensburg stammte, 1737 starb und zwei Kinder hinterließ, Matthias' Stiefbrüder Christian Carl (Kantor in Plön, 1731–1801) und Barthold Nicolaus (1732–58). Die zweite Ehe schloß der Reinfelder Pastor mit der Tochter des Flensburger Senators Jeß Lorenzen Lorck und seiner Frau Brigitta von Lutten, Maria Lorck. Sie wurde die Mutter von Matthias und dessen sieben Geschwistern. Die väterliche Abstammung reicht in altes Bildungsbürgertum zurück, im Mannesstamm der Claudius noch fünf Generationen über den Vater hinaus in Pfarrfamilien; mütterlicherseits sind es meist angesehene Kaufmanns- und Ratsfamilien in und um Flensburg.[7] So gehört Matthias Claudius zu dem Kreis bedeutender Gestalten unseres Landes, die aus dem evangelischen Pfarrhaus hervorgegangen sind.

Es ist schwer auszumachen, worin eigentlich das Geheimnis der fruchtbaren Wirkung des protestantischen Pfarrhauses lag: vielleicht in der rechten Mischung von «Nestwärme», die nichts mit Zärtelei und Verwöhnung, sondern mit familiärer Geborgenheit zu tun hat, und strenger Zucht, von materieller Beschränkung und kultureller Aktivität, von verordneter unreflektierter Festigkeit im Glauben der christlichen Kirche und ermöglichten Bildungschancen, diese Festigkeit zu gefährden, diesen Glauben in Frage zu stellen; kurz: in den optimalen Bedingungen zur Entfaltung eigener Kräfte, sei es nun in tradierender Fortsetzung der elterlichen Linie, sei es im Aufstand gegen sie: schließlich, und nicht durch Zufall, waren Lessing, die Brüder Schlegel – und Nietzsche Pfarrerssöhne. Solche Abkehr von den Vätern gab es bei Claudius freilich nicht. Am Glauben hielt er, ohne jemals zu schwanken und zu zweifeln, fest. An tätiger Verteidigung desselben, der seit der Aufklärung und bis zur Gegenwart im Kern herausgefordert und bedroht wird, hatte er mehr zu tun als seine Vorfahren, die Pfarrherren und Professoren, und hat er mehr getan. Vom Reinfelder Pastor und seinem Verhältnis zum Sohn wissen wir nicht viel, aber was uns dessen schlichte Verse am Grab des Vaters wissen lassen, genügt im Grunde:

> *Friede sei um diesen Grabstein her!*
>   *Sanfter Friede Gottes! Ach, sie haben*
> *Einen guten Mann begraben,*
>   *Und mir war er mehr;*
>
> *Träufte mir von Segen, dieser Mann,*
>   *Wie ein milder Stern aus bessern Welten!*
> *Und ich kann's ihm nicht vergelten,*
>   *Was er mir getan.*[8]

Der Mutter, einer stillen, gütigen Frau, die sich stets unscheinbar und bescheiden im Hintergrund hielt, blieb der Sohn bis zu ihrem Tode (1780) verbunden; von ihren zehn Kindern, die beiden Stiefkinder mitgerechnet, lebten damals noch vier. Eine dominierende, das Maß des Natürlich-Üblichen übersteigende Rolle scheint sie in Matthias' Leben nicht gespielt zu haben, wenn ihm auch die Übersiedlung nach Darmstadt nicht zuletzt wegen des Abschieds von ihr schwer und die Rückkehr nach Wandsbeck wegen des Wiedersehens mit ihr um so leichter fiel. Nach der Beerdigung meldet er seiner Frau Rebecca: *Hier geht hulter polter, über und drüber; bringe aber keine großen Sachen mit, aber allerhand Kleinigkeiten für einige 60 M. Gesund sind wir gottlob alle und haben uns nicht gezankt. Das Begräbnis ist ehrbar und ordentlich vonstatten gegangen. Es war mir beim Hingehen, als wenn die Mutter wieder mit dem Vater vermählt werden sollte und wir sie zur Trauung führten.*[9] Daß man sich, wie Claudius ausdrücklich erwähnt, bei der Erbteilung des sehr bescheidenen Nachlasses nicht «zankte», entsprach dem guten, freundschaftlichen Verhältnis, in dem Matthias zu seinen Brüdern stand. Die Verbindungen rissen, wenn auch nur lose gepflegt, nie ab; innerlich am nächsten ist ihm wohl – abgesehen von dem früh gestorbenen Josias – Christian Detlef (1750–1822), der jüngste der Geschwister, Arzt in Lütjenburg, gewesen.

Der eigentliche Gespiele, Kamerad und Freund seiner Kindheit und Jugend aber war Josias, nur ein Jahr älter als Matthias. Gemeinsam erhalten die beiden ihren ersten Unterricht in Lesen, Schreiben, Rechnen, aber auch in Latein und Religion beim Vater. Strenge Bibelgläubigkeit, beruhend auf genauer Bibelkenntnis, bildet das Fundament aller anderen Studien. Doch es ist keine kalte, rechthaberische Orthodoxie, die der Vater den Kindern vermittelt, sondern lebensvolle, warmherzige Frömmigkeit, die Gemüt und Phantasie zur Entfaltung bringt. In einer heute kaum mehr vorstellbaren Weise gehört Kindertod zum fast selbstverständlichen Schicksal jeder Familie. So sterben in dem einen Jahr 1751 kurz hintereinander die zweijährige Schwester Lucia Magdalena, der sechsjährige Bruder Lorenz und der achtjährige Friedrich Carl. Auch Matthias, obwohl er ja fast 75 Jahre alt wird, ist keineswegs von eiserner Gesundheit gewesen: «katarrhalische Störungen», wahrscheinlich tuberkulöser Natur – die «Pleuresie»[10] bleibt ein ständig wiederkehrender Begleiter –, machen ihm zeitlebens zu schaffen.

Wenn auch Pfarrerskinder auf dem Lande rechte Dorfkinder sind, die mit den Bauern leben, bei der Ernte helfen, mit dem Vieh umzugehen wissen, so fehlt doch nicht die Verbindung zu den hohen und höchsten Kreisen der Gesellschaft, zu dem Grafen Moltke in Niendorf und anderen adeligen Grundbesitzern der Umgegend, ja selbst zur fürstlichen Familie. Drei Geschwister von Matthias sind Patenkinder der Herrschaften; die Familie Claudius wird eingeladen, wenn Angehörige des regierenden Hauses im kleinen Reinfelder Schlößchen der Herzogin-Witwe weilen.

Matthias und Josias werden zum Theologiestudium bestimmt. Gemeinsam besuchen sie die «Öffentliche Evangelisch-Lutherische Lateinschule, auch Schreib- und Rechenschule» in Plön, das nur eine Tagereise von Reinfeld entfernt liegt. Die nach dem Muster des berühmten Schulpforta gegründete Anstalt ist, wie Urban Roedl schreibt, «eine Hochburg weniger des wissenschaftlichen Geistes als der gelehrten Pedanterie. Sie besteht aus vier streng voneinander getrennten Klassen. Die Elementarklasse, die Quarta, leitet der Pädagogus, die Tertia untersteht dem ‹Schreib- und Rechenmeister›, die Sekunda dem Kantor, die Prima dem Rektor. Das ist der bekannte Schulmann Ernst Julius Alberti aus Hamburg, ein hochgelehrtes Haus und sonderlicher Kauz, unnachsichtlich streng und doch ein gemütlicher Patron, dem es nichts ausmacht, in Schlafmütze, Schlafrock und Pantoffeln Schule zu halten. Nicht sein lebendiger Witz, sondern nur die trockene Schulfuchserei des Rationalisten beherrscht die unteren Klassen.»[11] Das Hauptgewicht des Unterrichts liegt auch hier selbstverständlich auf der evangelischen Religionslehre. Dennoch: in die Philosophiestunden weht bereits ein neuer Geist hinein, der rationale Geist der Aufklärung.

Vier Jahre verbringen die Brüder Claudius in Plön, dann siedeln sie zum Theologiestudium nach Jena über, an die von den Holsteinern allgemein bevorzugte «universitas pauperum», die damals, 1759, ihre großen Tage der Theologie und Jurisprudenz (16. Jahrhundert) schon hinter sich, die der Geschichte, Philosophie und Medizin (Schiller, Fichte, Hufeland) noch vor sich hat. Der Bruch, der durch die Theologie der Zeit geht und der dann seinen Ausdruck in der berühmten Kontroverse Lessings mit dem Ham-

Jena

burger Hauptpastor Johann Melchior Goeze finden wird, tritt auch in Jena zutage: die jungen Theologiestudenten haben sich zwischen der orthodox-bibelgläubigen und der rational-philosophischen Richtung zu entscheiden.

Solche Wahl ist nicht Claudius' Sache. So entschieden er auch in seinen späteren Jahren für die auf der Heiligen Schrift gründende Religion seiner evangelischen Vorfahren, für einen Christenglauben des warmen und demütigen Herzens eintritt, sosehr er geradezu missionarische Züge zeigt, wenn er einen Mystiker wie Saint Martin übersetzt, so kräftig ihm die Sprache des Predigers zu Gebote steht, wenn er etwa *Vom Vaterunser* oder *Vom Gewissen* handelt – der junge Mann, knapp zwanzig Jahre alt, meidet instinktiv ein Studium, das notwendigerweise ein Zerreden und Entzaubern der schamhaft im Innern verschlossenen Frömmigkeit bedeuten würde. Es gibt in diesen Dingen etwas wie seelische Keuschheit, und Claudius hat sie in hohem Maß besessen.

Während der Bruder bei der Theologie aushält, wendet sich Matthias weltlichen Fächern zu. Er verleibt sich in den Jahren 1759 bis 1762 jenes Sammelsurium von Jus, Philosophie, Kameralwissenschaften ein, das die zwar im einzelnen nicht immer sehr tiefdringende, aber im ganzen doch breitgefächerte und darum Freiheitsspielraum eröffnende Bildung jener Zeit ausmacht. Claudius hört Vorlesungen in Staats- und Völkerrecht, in Pandektenexegese, in Geschichte, vor allem aber in Philosophie, deren rational-spekulative Richtung im Sinn der Leibniz–Wolffschen Schule J. G. Daries vertritt, während Schlettwein den Empirismus und Pragmatismus der Hobbes, Locke und Hume vorträgt.

Alles in allem ist der junge Holsteiner kein begeisterter Student. Die Professoren nennt er eine *zänkische und stänkische Clique*[12], die rohe, großsprecherische Bierseligkeit der Kommilitonen widert ihn ebenso an, wie wir es etwa von seinem späteren Darmstädter Kollegen Johann Heinrich Merck und auch manchen anderen Zeitgenossen wissen.[13] Dafür beginnt ihn nun die Literatur in ihren Bann zu ziehen. Wie an vielen Universitäten gibt es auch in Jena eine literarische, die sogenannte «Teutsche Gesellschaft», aus Professoren, Magistern und Studenten gebildet, die sich Samstag nachmittags treffen, um Gedichte und Exkurse über moraltheologische oder philosophische Probleme vorzulesen und über Fragen der deutschen Grammatik, der Rechtschreibung, der Wortkunde zu disputieren. Es sind ja die Jahrzehnte, in denen nach Vorarbeiten Gottscheds von Männern wie Lessing, Bodmer, Herder die Germanistik als Wissenschaft fundiert wird, die dann die Brüder Grimm zu einem ersten Höhepunkt führen. Der allgemeine literarische Geschmack steht im Zeichen des Übergangs: Gleim und Hagedorn, Rokoko und Anakreontik haben noch ihre Stunde, aber Lessing und Klopstock eröffnen schon die große Epoche der deutschen Literatur: 1759 beginnen Lessings «Briefe, die neueste Literatur betreffend» zu erscheinen, 1760 liegt der erste Band des «Messias» von Klopstock vor.

Hier in der «Teutschen Gesellschaft» lernt Claudius den aus Tondern stammenden Landsmann Heinrich Wilhelm von Gerstenberg (1737 bis 1823), der später zum guten Freund wird, kennen. Er ist ein paar Jahre älter und schon ein berühmter Dichter im anakreontischen Stil. Ihm, der die Universität verlassen hat, schreibt der schwärmerische Adept: *Wollen Sie uns nicht bald wieder mit einigen süßen Tändeleien beschenken? Nein, liebster Freund, ob es gleich große Wollust ist, solche Tändeleien zu lesen, so haben doch die tragischen Empfindungen einen mächtigen Vorzug; schenken Sie uns lieber ein Trauerspiel oder sonst tragische Stücke, dabei man so recht weinen muß. Wie unaussprechlich süß ist jede Träne, die man beim Grabe oder überhaupt beim Unglück seines Freundes weint ... O bester Gerstenberg, wenn Sie so recht betrübte und traurige Gemälde und Empfindungen liegen haben, gönnen Sie mir das Vergnügen, solche zu lesen, ich will Sie ewig lieben.*[14] Dem merkwürdigen Hang Claudius' zu Entspannung und Erhebung in Todesgedanken und Grabesvorstellungen werden wir später noch des öfteren begegnen. Nur zum Teil lassen sie sich daraus erklären, daß der einzelne Mensch wie die Familie damals in ständiger enger «Tuchfühlung» mit dem Tode lebte: Man wurde im Hause geboren und starb inmitten der Seinen, man konnte selbst nur geringe Erwartung hegen, alt zu werden, und Kinder und Geschwister sah man wegsterben. Doch erscheint des Claudius Haltung dem Tod gegenüber, ähnlich wie bei der sonst so ganz anders gearteten Droste, von einer persönlichen Note, jener Mischung aus frommer Sehnsucht und wollüstigem Schauer, geprägt. *Ich mag wohl Begraben mit ansehen*, schreibt er, gleich zu Beginn des ersten Bändchens seiner *Sämmtlichen Werke* (1775), *wenn so ein rotgeweintes Auge noch einmal in die Gruft hinabblickt, oder einer sich so kurz umwendet, und so bleich und starr sieht und nicht zum Weinen kommen kann. 's pflegt mir denn wohl selbst nicht richtig in'n Augen zu werden, aber eigentlich bin ich doch fröhlich. Und warum sollt ich auch nicht*

Heinrich Wilhelm von Gerstenberg. Kupferstich von Schreyer

fröhlich sein; liegt er doch nun und hat Ruhe! Und ich bin darin 'n närrischer Kerl, wenn ich Weizen säen sehe, so denk ich schon an die Stoppeln und den Erntetanz. Die Leut' fürchten sich so vor einem Toten, weiß nicht warum. Es ist ein rührender heiliger schöner Anblick, einer Leiche ins Gesicht zu sehen; aber sie muß ohne Flitterstaat sein. Die stille blasse Todesgestalt ist ihr Schmuck, und die Spuren der Verwesung ihr Halsgeschmeide und das erste Hahnengeschrei zur Auferstehung.[15]

Damals in Jena wurde der junge Claudius durch den Tod seines Bruders Josias tief erschüttert. Beide erkrankten nacheinander an Pocken, der neben der Tuberkulose verbreitetsten und verheerendsten Seuche der Zeit. Matthias genas und mußte nun anschließend den geliebten Bruder trotz aller hingebenden Pflege nach langem Leiden sterben sehen. Der Nekrolog, den er vor der akademischen «verehrungswürdigen Trauerversammlung» mit dem «Magnificus Academiae Exrector» an der Spitze hielt, schloß mit den Worten: *Nun ruhe, ruhe sanft, toter Bruder. Noch oft will ich in der Stunde der Mitternacht, bei blassem Mondschein zu Dein Grab hinschleichen und weinen. Dann lispele Dein Geist mir zu, daß Du mich noch liebst, so will ich zufrieden sein, daß ich mich Deiner süßen Umarmungen erinnere, und den künftigen froh entgegensehe.*[16] Die Rede wurde gedruckt, Claudius' erste Veröffentlichung.[17]

Im Jahre 1762 verließ ein Exstudent, der sich zwar mancherlei Kenntnisse angeeignet und die ersten literarischen Schritte getan, aber keinen Abschluß und keine auf einen bürgerlichen Brotberuf zielende Ausbildung erworben hatte, Jena, um in das elterliche Pfarrhaus zurückzukehren. Claudius war, was man heute einen «Spätentwickler» nennt: Der Zweiundzwanzigjährige, der da einkommens- und stellungslos wieder am väterlichen Tisch sitzt, weiß noch kaum etwas von den in ihm angelegten Kräften und Möglichkeiten. In sich gekehrt, ohne eigentlich ein Träumer zu sein, nachdenklich und verschlossen, ohne sich von der Umwelt abzukehren, voller Gedanken und Empfindungen, die sich aber weder in Worten noch Werken, noch «Affären» niederschlagen, so geht er durch das nächste Jahrzehnt, bis er seine Form findet, bis er *der Wandsbecker Bothe* und liebende Ehemann seines *Bauermädchens* Rebecca wird.

1763 erscheint sein erstes Buch – genauer Büchlein – *Tändeleien und Erzählungen.* So wie der Titel von Gerstenberg entliehen ist, so sind es auch die gekünstelten Reimereien, die seichten Fabeln, nur alles weit weniger gekonnt als bei Gerstenberg oder Hagedorn oder gar Gellert. *Ich habe auch Tändeleien gemacht,* kündigt er dem bewunderten Freund an, *Tändeleien, denn ich wußte nicht, wie ich sie anders nennen sollte. Hier sind sie, sehn Sie so gut und sagen mir, was Ihnen gefällt und was Ihnen nicht gefällt, ein wenig weitläuftig, wenn Sie Zeit und Lust haben.*[18]

Das Werkchen erfuhr eine vernichtende Kritik, zuerst in den der «Teutschen Gesellschaft» nahestehenden «Kritischen und zuverlässigen Nachrichten von den neuesten Schriften für die Liebhaber der Philosophie und Schönen Wissenschaften», dann auch von Christian Felix Weiße (1726–1804) und Christoph Friedrich Nicolai (1733–1811), den Literaturpäpsten jener Jahre; trotzdem erlebte es erstaunlicherweise 1764 eine zweite Auflage. Den Reinfelder Pfarrer konnte das kaum beeindrucken, er drängte darauf, daß der Sohn nun endlich sein Brot verdienen müsse. Dieser, bei dem die poetischen Eingebungen keineswegs so reichlich flossen, daß sie ihn hätten ernähren können, gab das Drängen an Gerstenberg weiter: *Stirbt in Kopenhagen nicht ein Sekretär oder braucht nicht ein junger Herr einen Hofmeister, mit ihm auf die Universität zu gehen? Wissen Sie, was mir neulich eingefallen ist, ich möchte wohl nach das Land Norwegen, wenn ich da nur was zu tun hätte, bei den Bergwerken oder sonst.*[19] Ähnlich wirklichkeitsferne Wünsche, naiv vorgetragen, finden sich auch später bei Claudius noch, ob man nun seine Idee nimmt, mit Johann Heinrich Voß den fürstlichen Schloßgarten zu Lauenburg zu pachten, Gärtner, Schäfer und Bauer in einem, oder die Vorstellung, *Vorsteher eines im Walde gelegenen Hospitals... Verwalter eines Jagdschlosses, Garteninspektor, Vogt eines Dorfes*[20] im Darmstädtischen werden zu können, oder das phantastische Projekt, in eine «Dichterkolonie» auf der Südsee-Insel Tahiti zu ziehen.

Aus der Reise *nach das Land Norwegen* wird nichts, aber dem Onkel Josias Lorck, Pastor an der deutschen Friedenskirche zu Christianshaven, Kopenhagens Hafenviertel, gelingt es, Matthias als Sekretär bei dem Grafen Holstein in der dänischen Metropole unterzubringen. Die Umsiedlung zu Beginn des Jahres 1764 bedeutet Abschied von dem soeben erst gewonnenen Freund Schönborn und – trotz der nur kurzen Dauer – bleibende Berührung mit einer neuen größeren, weitergespannten Welt. Gottlob

Friedrich Ernst Schönborn (1737–1817) war ein aus dem Harz stammender, von klein auf in Holstein lebender Pfarrerssohn, der nun nach Philosophie-, Mathematik- und sprachwissenschaftlichen Studien als Hauslehrer auf dem Gut Trenthorst bei Reinfeld wirkte, eine, wie Roedl es ausgedrückt hat, «von ewigen Zweifeln und unstillbarem Wissensdurst getriebene, niemals befriedigte, ungestüme Natur, vor keiner Maßlosigkeit der Spekulation zurückschreckend; dabei ein zur Freundschaft und Liebe geschaffenes Herz...»[21]. Claudius hat dem um drei Jahre älteren viel zu verdanken: das Verständnis für die Größe Shakespeares, für die eine deutsche Literatur von Weltgeltung eigentlich erst begründende Dichtung Klopstocks, die vertiefte Kenntnis der griechischen Antike, aber auch die Befassung mit Newton, mit Descartes. Schönborn, den ein bewegtes Leben in dänischen diplomatischen Diensten später für lange Jahre nach Algier führte, blieb wie Gerstenberg Claudius in dauernder Freundschaft verbunden.

Kopenhagen war um die Mitte des 18. Jahrhunderts das Zentrum auch für die mit der Krone Dänemarks verbundenen Herzogtümer Schleswig und Holstein. Es gibt keine «nationalen» Spannungen zwischen Deutschen und Dänen, keine politische Rivalität, das 19. Jahrhundert mit seiner Volkstums- und Nationalstaatenhysterie ist noch fern. Kulturell sind Deutschtum und Dänentum eng verbunden; Kopenhagen, Hamburg, Lübeck und Kiel bilden ein einziges, zusammengehöriges geistig-kulturelles Kraftfeld. Friedrich V. von Dänemark entsprach in den Augen seiner Zeitgenossen dem Ideal des spätabsolutistischen, aufgeklärten Monarchen, der den Frieden wahrt, das Wohlergehen der Untertanen im Sinn hat, Kün-

Kopenhagen

Johann Hartwig Ernst Graf von Bernstorff

ste und Wissenschaften fördert. In Wirklichkeit war er wenig bedeutend, aber er besaß Bonhomie und Qualitätsgefühl. Und er besaß vor allem in den Ministern Johann Hartwig Ernst Graf von Bernstorff (1712–72) und Gottlob Graf von Moltke (1710–92) ausgezeichnete Staatsmänner. Bernstorff berief Klopstock nach Kopenhagen (1751); Johann Andreas Cramer, den Reorganisator des Kirchenwesens (1753); den Pädagogen Johannes Bernhard Basedow (1724–90), führenden Geist des Philanthropismus; den Grafen Christian Günther zu Stolberg (1756), Vater der beiden Dichter Christian und Friedrich Leopold; Gerstenberg (1763); Helfrich Peter Sturz, den bedeutenden Essayisten (1764); schließlich Schönborn. Nimmt man Männer wie den Maler und Zeichner Johann Martin Preisler aus Nürnberg, den königlichen Leibarzt Johann Justus von Berger aus Halle und den Theologen, Literaten und Musiker Gottfried Benedikt Funk hinzu, so ist es ein ungemein vielseitiger und fruchtbarer Kreis, in den nun der junge Claudius eingeführt wird, und zu Recht hat man in jenem Kopenhagen den Vorläufer Weimars gesehen.[22]

Der Mittelpunkt ist Klopstock, der Vierzigjährige auf der Höhe seines Lebens. Die drei ersten Gesänge des «Messias» liegen seit 1748 vor, 1753 erscheint die zweibändige Kopenhagener Ausgabe, 1757 das Schauspiel «Der Tod Adams», 1758 die «Geistlichen Lieder», ein Jahr später «Frühlingsfeier», 1764 das Schauspiel «Salomo». Hält man sich vor Augen, daß der Siebenjährige Krieg zu Ende ist und seit Februar 1763 die Waffen in der Mitte Europas ruhen, daß in den gleichen Jahren Rousseau die Bühne betritt («Nouvelle Héloïse» 1761; «Émile», «Le contrat social» 1762), Wieland Shakespeare zu übersetzen beginnt, Macpherson mit «Ossian»

*Friedrich Gottlieb Klopstock.
Gemälde von Jens Juel*

Titelseite der ersten Separatausgabe der ersten drei Gesänge

die größte und folgenschwerste Literaturmaskerade aller Zeiten in Szene setzt (1760) und Winckelmann mit seiner «Geschichte der Kunst des Altertums» (1764) für mehr als hundert Jahre das deutsche Griechenlandbild formt, dann versteht man erst, welche fundamentale Bedeutung jene eineinhalb Jahre in Kopenhagen, an einem Brennpunkt des so mächtig und vielschichtig sich entfaltenden geistigen Lebens Europas, für den jungen Claudius gehabt haben. Kein Wunder, daß er sie alle schwärmerisch verehrt, den «Großmeister» Klopstock, Cramer, dem er sich religiös nahe fühlt, Gerstenberg, das Idol aus Jenenser Tagen. Es ist ein rauschhaftes Gewoge von neuem Gottes- und Naturgefühl, Geniekult und Entdeckung des «Vaterlandes», von Herzensergießung in Poesie und Musik und Freundschaft, von Ich-Befreiung und Körperbewußtsein; allen voran immer der «Messias»-Dichter, ob bei Vorlesungen, Spielen, Wanderungen – und selbstverständlich bei dem von ihm in Mode gebrachten Eislauf, dem «Schrittschuhlauf».

Zum erstenmal hört Claudius vom «Magus des Nordens», von Johann Georg Hamann in Königsberg, dessen Schriften «Sokratische Denkwürdigkeiten» (1759), «Kreuzzüge des Philologen» (1762) erschienen sind, von Lessing und dem Kreis der deutschen «Aufklärer» um Nicolai und Mendelssohn. Er erlebt aus nächster Nähe, wie Werke entstehen, so Gerstenbergs geniales Drama «Ugolino», das 1768 erscheint, und seine «Briefe über Merkwürdigkeiten der Litteratur» (1766); überall Aufbruch, Entdeckung, Neuland: Bardensang und Griechenkunst, Vaterland und Menschheit. Der junge Claudius: bewundernd und teilnehmend, aber selbst nicht schöpferisch; ein Zuschauer, aber kein Mitwirkender. Sein Dienst bei dem arroganten Grafen Holstein bringt Demütigung statt Befriedigung. Der Lärm der Stadt, der Trubel der Soireen, das Geschwirre der Projekte – plötzlich ist ihm das alles zu viel, zu laut, er fühlt sich leer und sehnt sich nach Stille. Weder Tatendrang noch Ehrgeiz, noch Frauen halten ihn in Kopenhagen – und jäh, wie er aufgetaucht war, verschwindet er wieder. Im Sommer 1765 klopft er abermals bei den Eltern in Reinfeld an; es ist die zweite Heimkehr.

Durch die vernichtenden, den Autor geradezu des Plagiats zeihenden Rezensionen, die sein Erstling erhalten hat, ist die Lust am Dichten vorerst dahin. Claudius verstummt ganz; nur in Musik, der er zeitlebens tätig-treu bleibt, im Orgelspiel, spricht er sich mit sich selbst aus. Zeitweise hat er sich wohl um eine Organistenstelle bemüht, jedoch in einer so sehr für ihn typischen nobel-weltfremden Art, daß es nicht gelingen konnte. «Er fand gerade», berichtete Anton Matthias Sprickmann, dem Claudius die Sache erzählte, später an Herder, «in Lübeck eine Organistenstelle ledig und Freunde wollten sie ihm verschaffen, sagten aber, daß sie des Aufsehens wegen wenigstens pro forma Mehrere müßten darum spielen lassen. Die pro forma's kann er nun nicht leiden. Er ging also zum Magistrat und sagte, er habe seinen Competenten [Mitbewerber] spielen hören, und der verdiene [die] Stelle eher als er. Er bedanke sich also.»[23] Die drei Jahre in Reinfeld von 1765 bis 1768 bilden den «weißen Fleck» in der Claudius-Biographie, Zeit ohne äußere Ereignisse, Zeit des unkontrollierbaren inneren Werdens. Manchmal gehen Briefe an Schönborn oder Gerstenberg

oder gar an Klopstock, der jedoch nicht antwortet. In den Episteln steht schon der echte Claudius vor uns: humorvoll, gütig, ohne Pathos. *Mein lieber Schönborn, ich bin Ihres Briefes halben hochlich verbunden, ich kann keinen zusammenbringen, der so mit Nachrichtenallerlei gezieret wäre. Der pflügt, der drischt, der läßts sein, der ist krank, der traurig, der liebt, der fällt in den Schnee, der stirbt, der brennt ab — das würden meine Neuigkeiten sein. Der brennt ab, vor einigen Tagen noch fraß das Feuer einem guten fleißigen Bauern, dessen Reichtum in 8 Pferden, 6 Kühen und sein Haus mit wenig Hausrat bestand — 8 Pferde, 6 Kühe und sein Haus mit wenig Hausrat!, ich schreibe dies so umständlich, wenn Sie vielleicht jemand kennen, der dem Feuer zum Trotz einem solchen mit Gewalt ein Pferd aufdrängen wollte . . . Und nun was das Schrittschuhlaufen anlangt, so ist es mir lieb, daß der Großmeister (gemeint: Klopstock) und seine Gesellen gesund sind und Eis haben, hier täte ein Feuer nötig, den Schnee daran zu schmelzen, aus dem ich eben den Kopf hervorstecken und tristes élégies da cantieren kann, wie Lorenz sagt.*

Ich behalte meine ganze Theorie und Praxis im Schrittschuhlaufen well petto und lasse auch data occasione nicht über diese Materie aus, doch per influxum quendam occultum eilt alles ad arma und man hat nie so viel Eistänzer gesehen.[24]

Drei Jahre sind lang; wir wissen nichts von den Sorgen, die der Vater sich gemacht haben mag, wenn er den Sohn im Alter zwischen fünfundzwanzig und achtundzwanzig zu Hause sitzen sah, einer Zeit, da ein junger Mann Existenz und Familie begründet. Froh wird er nicht darüber gewesen sein. 1766 stirbt Matthias' einzige noch lebende Schwester Dorothea Christine,

Hamburg. Stich, 18. Jahrhundert

Ehefrau des Gleschendorfer Pfarrers Müller, Mutter von vier kleinen Kindern, 22 Jahre alt. Dem Bruder gelingen aus der Erschütterung heraus zum erstenmal Verse, die den Namen Dichtung verdienen:

Der Säemann säet den Samen,
   Die Erd empfängt ihn, und über ein kleines
     Keimet die Blume herauf —

Du liebtest sie. Was auch das Leben
   Sonst für Gewinn hat, war klein Dir geachtet,
     Und sie entschlummerte Dir!

Was weinest Du neben dem Grabe
   Und hebst die Hände zur Wolke des Todes
     Und der Verwesung empor?

Wie Gras auf dem Felde sind Menschen
   Dahin, wie Blätter! Nur wenige Tage
     Gehn wir verkleidet einher!

Der Adler besuchet die Erde,
   Doch säumet er nicht, schüttelt vom Flügel den Staub, und
     Kehret zur Sonne zurück![25]

Nachdem Claudius drei Jahre beschäftigungslos im Elternhaus verbracht hatte, übersiedelte er schließlich nach Hamburg. Von diesem Som-

*Gotthold Ephraim Lessing.
Gemälde von Johann Heinrich Tischbein d. Ä. um 1766*

mer 1768 an rechnet sein Leben auf eigenen Füßen, von nun an erwirbt er sich seinen Unterhalt – meistens mehr schlecht als recht – selbst, in Reinfeld ist er nur noch als Gast. Mit Hamburg, in dessen nächster Umgebung er nun sein Leben bis zum Ende verbringen wird – Wandsbeck lag damals unmittelbar «vor den Toren» und ist heute längst eingemeindet –, betritt Claudius eine von der königlichen Residenz Kopenhagen gänzlich verschiedene Welt. Es ist die Welt des Handels, der Seefahrt, des Geldes, der Patrizier. Zwischen ihnen, den großen Kaufherren, und der «drängenden, schwitzenden, arbeitenden Menge» aus Matrosen, Hafenarbeitern, Lager- und Handlungsgehilfen klafft ein mindestens so weiter Abstand wie zwischen adeligen Grundherren und abhängigen Gutsbauern. Die Hamburger galten als rastlos tätig, ernst und gesetzt in Geschäften, anspruchsvoll in materiellen Genüssen, vor allem Meister der Tafelfreuden, geistig durchaus interessiert, aber doch mehr aufwendigen Vergnügungen als anstrengenden Problemen zugewandt, bei aller breitspurigen Behäbigkeit keineswegs zur Kumpanei neigend, steif und auf Zeremoniell bedacht.[26]

Immerhin: gerade in diesen sechziger Jahren gewann Hamburg hohe Bedeutung für die deutsche Literatur- und Theatergeschichte. Zwölf Bürger, die die Hamburger Theatervereinigung bildeten, hatten im Oktober 1766 ein «Deutsches Nationaltheater» gegründet; der gewählte Direktor Löwen engagierte die berühmte Ackermannsche Truppe und mietete das von Konrad Ernst Ackermann erbaute und im Juli bezogene Schauspielhaus am Gänsemarkt. Durch Vermittlung Nicolais in Berlin wurde Lessing, der sich in einer äußerst bedrängten finanziellen Lage befand, im Winter 1766/67 «Minna von Barnhelm» vollendet, sich durch Verkauf seiner Bibliothek etwas Geld beschafft und sich dann mit dem Drucker und Verleger Johann Joachim Christoph Bode (1730–93) zusammengetan hatte, nach Hamburg gezogen. Im Mai 1767 erschien das erste Stück der «Hamburgischen Dramaturgie»; doch so wie diese dramaturgisch-kritische Zeitschrift, die zweimal wöchentlich erscheinen sollte, schon im August stockte und im Frühjahr 1768 ihr Erscheinen offiziell einstellte, endete der ganze Nationaltheater-Plan mit Enttäuschung; bereits im Dezember schloß das Haus am Gänsemarkt vorläufig seine Pforten.[27] Außer Lessing befanden sich zu jener Zeit auch Heinrich Christian Boie (1744–1806), Redakteur der Hamburger Monatsschrift «Unterhaltungen», späterer Herausgeber des «Göttinger Musenalmanachs» und Mitglied des Göttinger Hainbundes, Carl Philipp Emanuel Bach, als Musikdirektor der Hamburger Hauptkirchen, und besuchsweise Klopstock in der Elbestadt.

Zu ihnen und manchen anderen, auch zu seinem späteren Freund und Chef Bode, tritt der junge Claudius in Beziehung, dem es inzwischen durch Vermittlung Klopstocks gelungen ist, im Sommer 1768 Redakteur bei den «Adreß-Comptoir-Nachrichten» zu werden. Von seiner Journalistentätigkeit soll an anderer Stelle noch gesprochen sein – für jetzt heißt das wichtigste Ereignis: Begegnung mit Herder.

H. Herder ist hier seit 8 Tagen, schreibt Matthias an Gerstenberg, *und reist heute von hier nach Kiel. Er kommt aus Frankreich und Holland und wird, wie man sagt, wieder auf Reisen gehn. Sie können denken, wie ich gehorcht habe, wenn er von Hamann erzählte, auch habe ich gehorcht, wenn er sonst etwas sprach. Er ist sehr lebhaft; ich bringe überhaupt seit Monaten meine Zeit mit Horchen zu, zum Sprechen habe ich nicht viel Lust, der leidige Amor hat sein Werk in mir ... Man sieht alle Dinge anders, als vorher wie Sie wissen – und er hat sein Werk in mir, und darum habe ich nicht viel Lust zum Sprechen und darum leben Sie wohl.*[28] Von der Herzensangelegenheit wissen wir nichts. Doch das Zusammentreffen mit dem um vier Jahre jüngeren, der durch seine «Fragmente über die neuere deutsche Literatur» und die «Kritischen Wälder»[29] schon ein weithin bekannter Autor war, wurde der Anfang einer lebenslangen Freundschaft. *Ein Mädchenbusen vor einem Jünglingsmunde, der Küsse witterte, schnell weggerückt – so Herder aus Hamburg.* Mit diesen Sätzen beginnt Claudius die drei Jahrzehnte währende Korrespondenz, und er fährt fort: *Sie müssen es sich diesmal gefallen lassen, das erste zu sein, mein Gleich-*

Johann Gottfried von Herder. Gemälde von Anton Graff

nis bringt es nicht anders mit sich, und am Ende ist dann ein Busen eine gemeinnützigere Sache als ein Mund, und es schlummern auch mehr Grazien daran.

Ich danke Ihnen recht sehr, daß Sie in Hamburg gewesen sind, und wünsche, daß Sie sich in Kiel wohlbefinden und daß Sie die Nacht der Hinreise ein wenig gefroren haben... Sie vergeben es meinem Briefe wohl, daß er hier seinen Lauf vollendet; er sollte nichts weiter sein als der erste Bückling, wenn man zur Tür hereingetreten ist... Leben Sie![30] Auch Herder äußerte sich begeistert: Merck gegenüber nennt er Claudius «das größte Genie, das sich gefunden», «einen Freund von sonderbarem Geiste und von einem Herzen, das wie Steinkohle glüht – still, stark und dampfigt»[31], und zu Gleim spricht er von dem «Knaben der Unschuld voll Mondlicht und Liliendult der Unsterblichkeit in der Seele»[32] – später wird daraus «ein kleiner guter, äußerst natürlicher Jüngling»[33].

Verehrendes Aufblicken zu Klopstock, vertrauter Umgang mit Lessing, enge Freundschaft mit Herder – so scheint Claudius inmitten der geistigen Kraftfelder einer erwachenden, zu sich selbst findenden Nation zu stehen.

Keine Strömung der Zeit, mit der er nicht durch persönlichen Kontakt zu einem ihrer Exponenten in Berührung kommt; und doch bleibt es schwer zu sagen, ob und wieweit er eigentlich beeinflußbar ist und tatsächlich beeinflußt wird. In der Stille Reinfelds hat sich seine Persönlichkeit gefestigt, hat sie Farbe und Kontur empfangen. Wohl ist er in Hamburg nach wie vor bereit, zu lernen, zu empfangen, zu bewundern – Bescheidenheit ist einer seiner Hauptwesenszüge –, aber umformen und verwirren läßt er sich nicht mehr. Die Zeit der Nachahmung ist vorbei, die Zeit der Eigenständigkeit beginnt.

Das wird bereits spürbar in dem höchst originellen Bericht über die Hamburger Aufführung der «Minna von Barnhelm», die im November 1769 stattgefunden hatte. In der als Briefwechsel zwischen dem naiv-treu-

«Ah! mein Tellheim!»
Illustration zu «Minna von Barnhelm» von Weihrauch

Matthias Claudius. Silhouette

herzigen Jüngling Fritz, seinem braven Vater und der engstirnig-altjüngferlichen Tante getarnten Rezension gibt Claudius die von dem Hamburger Hauptpastor Goeze erhobenen, verstiegenen und unangemessenen Sittlichkeitsforderungen an die Schaubühne der Lächerlichkeit preis und bekennt sich zur Größe des wunderbaren Werkes. Nach einer recht drolligen Inhaltsangabe heißt es da weiter: *Vetter Steffen sagte mir im Vertrauen, daß ein Mann, der Lessing heißt und der sich hier aufhalten soll, diese ganze Geschichte gemacht habe. – Nun so vergeb' es ihm Gott, daß er dem Major und dem armen Fräulein soviel Unruhe gemacht hat. Ich will gewiß den Hut nicht vor ihm abnehmen, wenn er mir begegnet. Aber zehn Taler wollte ich darum geben, wenn ich noch einmal eine solche Geschichte mit ansehen könnte. Mir war den ganzen Abend das Herz so groß und warm . . .* Der Vater antwortet: *Deine Geschichte von den Leuten im Wirtshause gefällt mir, und der warme Ton, darin Du von dem Major von Tellheim, von dem Wachtmeister und dem jungen schlanken Fräulein sprichst, gefällt mir auch. Ihr Betragen war edel und gut, ich kenne die Familien der von Barnhelms und Tellheims, sie handeln immer nicht anders . . . NS. Solltest Du einmal das Fräulein von Barnhelm sprechen, so grüße sie freundlich von einem alten Manne, der nahe an seinem Grabe noch Freude und Tugend lieb hat; noch eins, wenn Dir Lessing begegnet, kannst Du immer den Hut vor ihm abnehmen.* Die Tante indes macht ihrer Empörung Luft: *Du bist in dem Hause mit dem Vorhange gewesen, Du Sündenwisch, und solch ein Unglück mußte ich noch auf meinen alten Tagen an meiner Schwester Kind erleben! . . . Und Du schämst Dich nicht, in Deinem Briefe von einem abgedankten Wachtmeister und einem Fräulein, das Du gesehen, noch viel Rühmens zu machen! Auf meinen Knien danke ich Gott, daß er mir keine Kinder und keinen Mann gegeben hat, damit ich doch solche Sünde und Schande nicht an meines eignen Leibes Erben erleben durfte. Pfu Dich und komme mir nie wieder vor Augen.*[34]

Der äußerst bescheidene «Kulturteil der Adreß-Comptoir-Nachrichten», eines ganz unmusischen Informationsblattes für Handel, Schiffahrt, Börse und Lokalneuigkeiten, hatte im Grunde für solch amüsante Literaturgefechte ebensowenig Raum wie für *Eine Abhandlung vom menschlichen Herzen, sehr kurios zu lesen,* darin der Autor das Herz definiert als den *Amboß, auf dem die Bosheit ihre Pfeile schmiedet und die Großmut ihr wohltuendes Panacee anrührt; der heilige Altar, an dem der Traurige und Betrübte sein frommes Geschrei und der Fröhliche seinen jauchzenden Lobgesang opfert; das Laboratorium der tätigen Freundschaft und die einsiedlerische Werkstätte, wo die Liebe ihre stillen Wünsche, ihre schmachtenden Seufzer und den heimlichen süßen Gram ausbrütet und unter ihren Flügeln verbirgt*[35], ebensowenig Raum aber auch für Gedichte wie *Mailied* oder *Phidile* oder gar das zauberhafte *Wiegenlied bei Mondschein zu singen,* dessen Genialität in der Nicht-Unterscheidbarkeit von Kunst- und Volkslied liegt:

> *So schlafe nun, du Kleine!*
> *Was weinest du?*
> *Sanft ist im Mondenscheine*
> *Und süß die Ruh'.*

> *Auch kommt der Schlaf geschwinder*
> *Und sonder Müh';*
> *Der Mond freut sich der Kinder*
> *Und liebet sie.*

> *Er liebt zwar auch die Knaben,*
> *Doch Mädchen mehr,*
> *Gießt freundlich schöne Gaben*
> *Von oben her*

> *Auf sie aus, wenn sie saugen,*
> *Recht wunderbar;*
> *Schenkt ihnen blaue Augen*
> *Und blondes Haar.*

Alt ist er wie ein Rabe,
  Sieht manches Land;
Mein Vater hat als Knabe
  Ihn schon gekannt.

Und bald nach ihren Wochen,
  Hat Mutter 'mal
Mit ihm von mir gesprochen:
  Sie saß im Tal.

In einer Abendstunde,
  Den Busen bloß,
Ich lag mit offnem Munde
  In ihrem Schoß.

Sie sah mich an, für Freude
  Ein Tränchen lief,
Der Mond beschien uns beide,
  Ich lag und schlief;

Da sprach sie: «Mond, o! scheine,
  Ich hab sie lieb,
Schein Glück für meine Kleine!»
  Ihr Auge blieb

Noch lang am Monde kleben
  Und flehte mehr.
Der Mond fing an zu beben,
  Als hörte er.

Und denkt nun immer wieder
  An diesen Blick,
Und scheint von hoch hernieder
  Mir lauter Glück.

Er schien mir unterm Kranze
  Ins Brautgesicht,
Und bei dem Ehrentanze;
  Du warst noch nicht.[36]

Wie Claudius hier in einer Sprache, bei der jedes Wort, jeder Ton stimmt, keine Spur von falschem Gefühl, von Hohlheit sich findet, mit dem Kunstgriff der zeitverschiebenden Erinnerung das Wiegenlied im Wiegenlied komponiert, das ist schlechthin Meisterschaft. Doch gerade dafür hatte nun der Zeitungsverleger, Herr Etatsrat Polykarp August Leisching, Klopstocks Vetter, keine Verwendung, und er setzte seinen Redakteur vor die Tür. Der verlor damit nun seine Anstellung, aber sonst nicht viel, denn die Bezahlung war erbärmlich schlecht und diese zweijährige Hamburger Journalistenzeit ein regelrechtes Hungerdasein gewesen. Zudem steht die

*Heinrich Karl Graf von Schimmelmann.
Gemälde von Johann Ziesenis (Ahrensburg, Schloß)*

Gründung des «Wandsbecker Boten» durch Heinrich Karl Graf von Schimmelmann unter Herausgeberschaft von Bode und Redaktion von Claudius für 1771 schon in Sicht. Mit der Fiktion eines *Abschiedsbriefes von Gustav Pfahl* an seinen *lieben Herrn Gevatter* verabschiedet sich der Adreß-Comptoir-Nachrichtenschreiber von den Lesern, nicht ohne anzudeuten, daß er gleich dem *komischen Fluß Guadiana in Spanien*, der streckenweise unter der Erde fließt und *bei dem Sumpf Los Ojos de Guadiana wieder zum Vorschein kommt*, auch wieder auftauchen werde.[37]

II. Wachsen

Lessing und Herder haben 1770 Hamburg verlassen: Jener, der als Bibliothekar zum Herzog von Braunschweig-Wolfenbüttel übersiedelte, für immer; dieser, der nun mit seinem Prinzen die Bildungsreise antrat und noch im selben Sommer in Darmstadt seine spätere Frau Caroline Flachsland und in Straßburg Goethe kennenlernte, kehrte 1783 noch einmal auf Besuch zurück, um Klopstock und Claudius wiederzusehen. Für die Gegangenen trafen neu-alte Bekannte aus Kopenhagen ein, fast Flüchtlinge zu nennen: Bernstorff, der bedeutende und mächtige Staatsmann,

Wandsbeck von der Hamburger Chaussee aus. Lithographie, um 1835

von Struensee gestürzt, in seiner Begleitung Klopstock und Schönborn.[38]

Inzwischen reift der Wandsbecker Zeitungsplan. Wandsbeck, ein Flekken im Holsteinischen, etwa eine Fußstunde von Hamburg entfernt, besteht damals aus rund hundert Häusern mit großen Gärten, besitzt eine Kirche, ein recht stattliches Schloß und ein dürftiges Winkelblättchen, den «Wandsbeckischen Merkur».[29] Gut und Dorf gehören Heinrich Karl Graf von Schimmelmann, einem während des Siebenjährigen Krieges als preußischer Generalpächter in Sachsen reich gewordenen, dann in dänische Dienste getretenen Mann, der viel für seine kleine Herrschaft getan hat: Förderung von Handel und Gewerbe in dem verkehrsgünstig gelegenen Ort, Wohnrecht und Religionsfreiheit für die Juden, erleichterter Heiratskonsens, Anlage eines den Sonntagsausflüglern Hamburgs offen stehenden schönen Parks, des «Wandsbecker Gehölzes». Doch auch die «Gesittung und Aufklärung des Volkes» soll gehoben und darum der anrüchige Merkur durch einen redlichen und nützlichen Boten ersetzt werden. Für die Verwirklichung des Vorhabens ist kein tauglicheres Gespann als Bode und Claudius denkbar. Zu Ende des Jahres 1770 kommt dieser nach Wandsbeck, seiner – sieht man von der Darmstädter Episode ab – letzten und endgültigen Lebensstation. Alles gefällt ihm hier: die gestellte Aufgabe, die anmutige Landschaft, das idyllische Dörfchen, und alles findet er hier: ein Haus, einen Garten, und das beste und wichtigste: eine Frau, und eines durch das andere; denn die Schlüssel zu dem Haus verwahrt Zimmermeister und Gastwirt Behn, aber der ist nicht immer daheim, und so lernt Matthias die Tochter kennen, die sechzehnjährige Anna Rebecca. Es ist von seiner Seite «Liebe auf den ersten Blick», und sie wird erwidert. Aber schließlich ist Rebecca noch fast ein Kind, und so muß ein wenig gewartet werden. Zudem: wie soll das kärgliche Einkommen des Wandsbecker Redakteurs einen Hausstand unterhalten, eine Familie ernähren? *Ich habe mit Verlangen auf Ihre Nachricht, daß ich einige hundert Taler gewonnen habe, gewartet*, schreibt er an Schönborn, *sie ist aber bisher nicht gekommen, und darum erinnere ich Sie mittels diesem.*[40] Und an Gerstenberg: *... a horse! a other horse! bind up my wounds – have mercy Jesu –*

denn mein itziges Pferd kann uns nicht beide tragen und sie muß mit mir –

ich habe mir die unnötige Mühe gemacht, ein unbedeutendes Bauermädchen liebzugewinnen, und ich habe es mit ehrlichem Blut und Hirn beschlossen, sie zur Männin zu machen, wenn mir irgendwo auf dem Lande eine kleine Amtsverwalter pp Stelle werden könnte, im Dänischen oder Deutschen, gleich gut.[41] Und im selben Sinne an Herder, den neugebackenen Konsistorialrat in Bückeburg: *Ich habe ein Mädchen liebgewonnen, ein einfältiges, ungekünsteltes Bauermädchen. – Wenn Sie mir dort eine kleine Stätte auf dem Lande bereiten könnten (welche es auch sei, Sie wissen, was ich für Künste kann) wenn Du es kannst, so sei darum gebeten, Du pro tempore Bändiger des Bucephalus der bückeburgischen Geistlichkeit, Du – es geben sich verschiedene hierzulande meinethalben Mühe, aber ich weiß nicht, das Herz schlägt mir stärker wenn ich dahin denke, wo*

Das Schloß in Wandsbeck. Lithographie von J. C. C. Meyn, um 1840

Die erste Begegnung zwischen Claudius und Rebecca. Illustration zur Lebensgeschichte. Tuschzeichnung eines unbekannten Künstlers, Mitte des 19. Jahrhunderts

dieser Brief über ein Kleines sein wird ... Bei der Einfalt und Unschuld, beim Genie, das in Euch wohnt, lacht, wenn Ihr diesen Brief gelesen habt, aber tut mehr als lachen und bedenkt, daß Gott erschaffen hat ein Männlein und ein Fräulein.[42] Erfüllbar von diesen Wünschen ist vorerst nichts, aber Claudius ist über dreißig, und er liebt und will nicht warten, und Gott wird helfen. Also findet am 16. September 1771 die Verlobung und am 15. März 1772 – für alle Freunde überraschend – die Hochzeit statt.[43] Über diese Ehe und das ihr entwachsene Familienleben wird in einem eigenen Kapitel zu sprechen sein.

Inzwischen war der neue «Wandsbecker Bote», wenn er auch seinen Schöpfer nicht recht satt machte, gut gediehen. Er ist äußerlich ein unansehnliches Blättchen, vier Quartseiten, schlechtes Papier, mit einem originellen Titelkopf: links oben eine Eule, rechts ein flötespielender Genius, unten vier Frösche, in der Mitte der Name der Zeitung und das Ausgabedatum. Claudius hatte das selbst so ausgedacht, und es war ein Programm: Weisheit, musisch-beschwingte Phantasie, lustig-derber Kommentar. Die ersten drei Seiten waren den Nachrichten vorbehalten, die letzte Seite der Literatur. Nach dem Brauch der Zeit gab es kein Impressum, kein Beitrag wurde mit Verfassernamen gezeichnet, dann und wann mit einer Chiffre. Eindringlich forderte er seine Freunde zur Mitarbeit auf, so Herder: *Helfen Sie mir den Wechselbalg zur Welt bringen oder schwängern Sie mich, wenn alles bei mir vielleicht nur Geschwulst und aufgedunsenes Wesen sein sollte... Bode... wollte gerne den Ball mit einer theologischen Rezension eröffnen und die sollte von Ihnen sein; gegen das letzte habe ich eben nichts, aber ich denke, wenn es auch gerade keine Rezension, sondern etwas aus Ihrer eigenen Quelle, was und wie Sie wollen, wäre, das würde sich auch nicht übel ausnehmen. Ich mags bisweilen wohl haben, daß mich jemand umsonst bitten läßt und sich nicht daran kehrt, aber diesmal nur tun sie es nicht.*[44] Und Schönborn mahnte er: *Man erwartet von Euch Rezensions von mathematischen und philosophischen Büchern, auch kleine Aufsätze aus Euerem eigenen ingenio, seid also so gut und schickt etwas dergleichen und zwar bald, denn ohne Vorrat von allerlei Art kann auch unsereiner nicht ruhig sein. Schönborn, lieber Schönborn, laßt diese Bitte nicht über Euch herlaufen, wie das Wasser über die Gans, sondern laßt sie Euch in Mark und Bein dringen und schickt bald etwas, ich verlasse mich auf Euch, wie auf die Treue eines Mädchens.*[45]

Das viermal wöchentlich erscheinende Blatt, das kein halbes Jahrzehnt überdauerte, wurde zu einem der angesehensten Organe der zu Ende des 18. Jahrhunderts aufblühenden Presse in Deutschland und zog dank seinem Redakteur und dank der unermüdlichen Werbung des verbindungsreichen Bode die erlauchtesten Namen an: Lessing, Klopstock, Gerstenberg, Herder, Schönborn, Boie und die Bundesbrüder des Göttinger Hains, Voß, Miller, Hölty, dann auch Gleim und Goethe lieferten Beiträge. Materielle Sicherheit war freilich damit nicht verbunden, die Auflage blieb klein, und Claudius fristete nach wie vor ein kärgliches Dasein. Den Alltag des jungen Paares kann man sich kaum dürftig genug vorstellen. Und so war es kein Wunder, daß der arme Journalist ständig – und doch halbherzig, weil er mit Leib und Seele an seiner Heimat hing – nach einer einträglicheren Stellung Ausschau hielt. Schon im ersten Erscheinungsjahr schrieb er an Herder: *Mit dem Wandsbecker Boten wills nicht recht fort und ich glaube, daß ers nicht lange mehr aushält. Bode wäre auch nicht gescheut, wenn er ihn zu seinem Schaden noch lange fortsetzte. Wenn Sie etwas für mich auftreiben, so lassen Sie es mich bald wissen.*[46]

Da nun auch Kinder kamen – das erste Söhnchen Matthias war am Tage der Geburt, 30. September 1772, gestorben, 1774 wurde die Tochter Maria Caroline Elisabeth und 1775 die Tochter Christiane Marie Auguste geboren –, nahmen die Sorgen ums tägliche Brot und die Appelle an die Freunde zu: *Wenn ein Zollinspektor abgehen wollte*, schreibt Claudius an Gersten-

berg, *so täte er mir einen Gefallen, wenn er bald abginge, weil die Gräfin Stolberg noch in Kopenhagen ist, und das wird sie in diesem Monat Julius noch sein. Sobald Sie von einer Stelle, die offen ist, hören, lassen Sie es mich gleich wissen und es soll von hier aus so geschrieben werden, daß kein anderer als ich soll Stand halten können, aber Ihr lieben Leute, seht ja zu, daß es eine Stelle sei, dazu wenig Verstand und wenig Balgentreten nötig ist, und daß Holz und Wasser in der Gegend sei. Aufm Lande muß es sein oder kann nichts draus werden. Die Zollinspektors, hab ich gehört, sollen faule Bäuche sein, das wäre mir recht. Wenn doch in Lyngby ein Zollinspektor wäre oder angelegt werden könnte! Wenn doch in Friedrichsthal! Friedrichsburg! Friedensburg! Soro! ach und wie die lieben Landörter mit Holz und Seen weiter heißen!!!*[47]

Die Freunde bemühten sich, aber zunächst vergeblich. Eine andere Sache, an der das gazettenlesende Publikum Anteil nahm, rief auch den «Wandsbecker Boten» auf den Plan. Es ist der Streit Goeze–Alberti, beide evangelische Pastoren in Hamburg. Der Name des ersteren ist der Nachwelt vor allem durch Lessings berühmte Kampfschrift «Anti-Goeze» übermacht worden. Der Hauptpastor der Hamburger Katharinenkirche tat sich als angriffslustiger Gegner des aufklärerischen Rationalismus in der Theologie hervor und vertrat die lutherische, auf strikter Bibelgläubigkeit fußende Orthodoxie. Sein Amtsbruder Alberti war dagegen der Mann der Toleranz und des sogenannten «Vernunftglaubens», milde, gütig und ein wenig schwindsüchtig-exaltiert. Die Auseinandersetzung zwischen den beiden Theologen, die sich schon jahrelang hinzog, erreichte einen neuen Gipfel, als Alberti über «die Einträchtigkeit mit denen, welche in der Religion von uns verschieden denken» predigte und Goeze scharf entgegnete. Wenig später, im Dezember 1771, erschien Albertis «Anleitung zum Gespräch über die Religion», ein vom Gedanken des tolerierenden Religionsgesprächs zwischen den Konfessionen und auch zwischen Christen und Zweiflern getragenes Unterrichtsbüchlein, das Goeze in berserker-

Rebecca mit Kind. Silhouette

*Johann Melchior Goeze.
Zeitgenössischer Stich*

*Julius Gustav Alberti.
Zeitgenössischer Stich*

hafte Glaubenswut versetzte. Er vermochte in donnernder Predigt gegen den ketzerischen Kollegen die Gemeinde so zu fanatisieren, daß nicht viel gefehlt hätte, um Albertis Haus zu stürmen. Es sprach zumindest für die kluge Mäßigung des Hamburger Senats, daß er verbot, Goezes bei Bode gedruckte Philippika zu verbreiten. Nun fühlte sich der rechtgläubige Hauptpastor genießerisch als Märtyrer. Alberti predigte von derselben Kanzel derselben Kirche Verständigung und Versöhnung der unterschiedlich Denkenden und Glaubenden, undogmatische Humanität, sanftes Einander-Geltenlassen. Parteien bildeten sich: hie die starren Verteidiger orthodox-lutherischer Observanz, dort die Kinder der «neuen Zeit», rational, skeptisch, «philosophisch». Dazwischen Claudius. Der Sache nach neigt er zu Goeze, und außerdem haben sie in Bode einen gemeinsamen Verleger, aber Gefühl und Sympathie gehören Alberti. Er teilt die Glaubenssätze des Hauptpastors, doch nicht dessen harte Feindseligkeit. Als Theologe, so erkennt er, steht der Eiferer fest im Glauben der Väter, der auch sein Glaube ist, aber als Mensch ist Alberti der Christ. Zwischen und über den Fronten sucht Claudius nun ein Drittes, Versöhnendes, etwas, das nicht Lehrmeinungen wägt und die Anteile an Richtig und Falsch sondert: den Ausgleich der Gegensätze in humorvoll-gütiger Besinnung auf das auch den Gegnern noch Gemeinsame. Also verfaßt er *Eine Disputation zwischen den Herren W. und X. und einem Fremden über Hrn. Pastor Alberti «Anleitung zum Gespräch über die Religion» und Hrn. Pastor Goeze «Text am 5. Sonntage nach Epiphanias», unter Vorsitz des Hrn. Lars Hochedeln.* Die Herren W. und X. stellen die Kontrahenten dar, der Vorsitzende Lars hat keine Ahnung, worum es geht, und verkörpert die Obrigkeit, im «Fremden», dem naiven, unverbildeten «Butenminsch» haben wir wohl den Autor zu erkennen. Die Gegner fauchen sich an, der Fremde verweist es ihnen: *Ich möchte Sie gerne sanfter sehen. Man muß die Menschen mit Sanftmut und Geduld tragen, wenn es anders nicht Kurzweil, sondern Ernst ist, daß man das Ihre und nicht das Seine sucht ... Die Wahrheit ist die Tochter des friedlichen Himmels, sie flieht vorm Geräusch der Leidenschaften und Zank. Wer sie aber von ganzem Herzen liebhat und sich selbst verleugnen kann, bei dem kehrt sie ein, den übereilt sie des Nachts im Schlaf und macht sein Gebein und sein Angesicht fröhlich.* Ketzerei läßt sich überall finden. *Aber der Geist der Religion wohnt nicht in den Schalen der Dogmatik, hat sein Wesen nicht in den Kindern des Unglaubens, noch in den ungeratenen Söhnen und übertünchten Gräbern des Glaubens, läßt sich wenig durch üppige glänzende Vernunftgründe erzwingen, noch durch steife Orthodoxie und Mönchswesen. Und für Kinder, deren Herz durch die Religion gebessert werden soll, ist freilich der simpelste und kräftigste Ausdruck der beste. Wenn ich bei der Quelle stehe, warum soll ich nicht aus der Quelle trinken; so bin ich doch sicher vor dem Unrat am Eimer.*[48] Der Trunk unmittelbar aus der Quelle – der Trunk aus dem Eimer, mit allem, was an und in ihm klebt. Mit diesen wenigen, bildkräftigen Worten hat Claudius alle Glaubensproblematik, die ja ganz wesentlich Tradierungsproblematik war und ist, ausgesprochen. Er besitzt hier für uns durchaus aktuelle Bedeutung. Damals freilich konnte sein *klarer Luftstreich,* wie er die Schrift Herder gegenüber nannte, den Frieden nicht stiften. Alberti starb am 30. März 1772, Goeze aber, der, wie

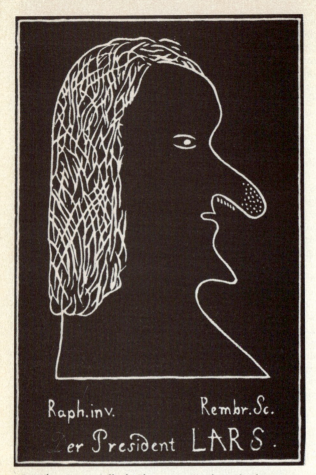

*«Präsident Lars». Selbstkarikatur von Matthias Claudius.
Aus den «Sämmtlichen Werken»*

Lichtenberg einmal bemerkte, «seine Leute an den Haaren in den Himmel schleppt», hatte einige Jahre später gegen einen größeren und gefährlicheren Gegner anzutreten, gegen Lessing.

So erstrangig auch die literarischen Mitarbeiter des «Wandsbecker Boten» sind, es ist eben doch anfangs nur ein Lokalblatt, außerhalb von Wandsbeck und Hamburg kaum bekannt. Auflage zu Beginn des Jahres 1772: 400 Stück. Bode meinte, dem durch Namensänderung abhelfen zu können. Ab 1773 erscheint deshalb die Zeitung, gegen Claudius' Willen, unter dem Titel «Der Deutsche, sonst Wandsbecker Bote». Neue Beiträge kommen von den Göttinger Hainbündlern. Es ist eine Wechselwirkung, denn auch Claudius steuert Arbeiten zum «Göttinger Musenalmanach» bei. In der Universitätsstadt Göttingen, von der Lichtenberg reimte: «Berühmt in allerlei Bedeutung / Durch Würste, Bibliothek und Zeitung», hatte sich um Boie seit 1769 ein studentischer Dichterkreis gesammelt, zuerst Gottfried August Bürger, dann Ludwig Christoph Heinrich Hölty und der Ulmer Johann Martin Miller. Der von Boie zusammen mit Friedrich Wilhelm Gotter im Herbst 1769 herausgegebene «Musenalmanach auf das Jahr 1770» war, nach französischem Muster, der erste seiner Art in Deutschland.[49] Der 1771 herauskommende Almanach auf das Jahr 1772 enthielt neben Beiträgen Bürgers, Gleims, Lessings und Herders bereits Gedichte von Claudius, so sein *Lied*, Gegenstück zu Klopstocks «Vaterlandslied» («Ich bin ein deutsches Mädchen...»), in dem es heißt:

> *Ich bin ein deutscher Jüngling*
> *Mein Haar ist kraus, breit meine Brust;*
> *Mein Vater war*
> *Ein edler Mann, ich bin es auch.*
> ...
> *Ich bin ein deutscher Jüngling!*
> *Beim süßen Namen «Vaterland»*
> *Schlägt mir das Herz,*
> *Und mein Gesicht wird feuerrot.* —[50]

Man neigt unwillkürlich dazu, solche Verse für eine Parodie zu halten, aber sie sind ernst gemeint und sollen den verehrten Klopstock, bis in die Odenform hinein, ehren. Im Sommer 1772 kam Johann Heinrich Voß, bis dahin Hofmeister im Mecklenburgischen, nach Göttingen, wo sich Boie, der später sein Schwiegervater wurde, seiner helfend annahm. Der Kreis bestand nun außer diesen beiden und Hölty noch aus den Vettern Miller, dem Pfälzer Hahn, dem Holsteiner Esmarch und Wehrs aus Göttingen. Am 12. September 1772 kam es zu jener berühmten Bundesgründung in einem Eichenwäldchen bei Mondenschein, mit Freundesschwüren, Gesetzen und Bardennamen für die Bundesbrüder; so hieß Boie nun Werdomar, Hölty Haining, der ältere Miller Minnehold, Hahn Teuthard. Der Göttinger Hainbund, zu dem auch Schönborn sowie die beiden jungen Grafen Stolberg stießen und dem sich Klopstock freundschaftlich verband, eine der wichtigsten Gruppenbildungen in der deutschen Literaturgeschichte, bestand bis 1775 – nicht länger also als die Wandsbecker Zeitung. Claudius selbst hatte, wie auch Goethe, mit den etwas exaltierten, in verstiegenen Ideen von Deutschtum und Bardensang befangenen Jünglingen, unter denen Hölty der einzige wirkliche Dichter gewesen ist, nicht viel gemein. Immerhin kam es zu gegenseitiger Mitarbeit: Voß, Miller, Hölty und Boie sandten dem «Boten» lyrische Beiträge, dieser steuerte zum «Almanach» Epigramme und Gedichte bei; 1774 lernten sich Claudius und Voß in Hamburg kennen, womit eine Jahrzehnte währende Freundschaft begann.

Seit 1773 schickte auch Goethe Kleinigkeiten, und Claudius kündigte im selben Jahr dessen «Götz von Berlichingen» an, ohne freilich zu wissen,

Asmvs omnia sua secvm portans,

oder

Sämmtliche Werke

des

Wandsbecker Bothen,

I. und II. Theil.

Hamburg und Wandsbeck. 1775.

wer der Autor ist: *Der Vf. treibt nicht Schleichhandel zum Nachteil der bekannten Einheiten, die Groß-Vater Aristoteles und nach ihm die Klein-Enkel ... auf der ästhetischen Höhe zur Anbetung hingestellt haben, sondern bricht grade durch alle Schranken und Regeln durch wie sein edler tapfrer Götz durch die blanken Esquadrons feindlicher Reuter, kehrt das Bild auf der Höhe unterst zu oberst und setzt sich aufs Fußgestelle hin hohnlachend. Das macht er nun freilich etwas bunt, und es läßt sich mit Fug gegen diesen Unfug manches sagen, das man auch sagen würde, wenn einen der Vf. durch einige Weisen, die er an sich hat, nicht versöhnte... Bei Stücken wie dies, wo man nirgends das Winkelmaß anlegen kann, muß ein jeder den Wert aus dem Eindruck bestimmen, den das Stück, so wie es da ist, auf ihn macht, und da sind wir unsersorts dem Vf. für seine Komödie verbunden und erwarten größere Dinge von ihm.*[51] Mit dem ausgeprägten Qualitätsgefühl, das Claudius eignete, nahm er, trotz Einschränkungen, das Neue, Kräftige und Frische an diesem genialischen Wurf wahr – besonders etwa im Vergleich zu Wielands «Amadis», den er mit ätzendem Spott

bedachte, auch wenn er sich nicht «zu dem schwülstigen Knabenhaß des Göttinger Hains»[52] gegen den seit 1772 nach Weimar berufenen Dichter hinreißen ließ.

Von größerer Bedeutung, weil einen direkten Einfluß auf ihn ausübend, wurde die Verbindung zu Johann Georg Hamann, die Herder, der mit dem seltsamen Königsberger Philosophen seit seinen Studententagen (1762) eng befreundet war, geknüpft hatte. Hamanns starke eigenwillige Religiosität, sein originäres, jenseits aller Konventionen, Schulen und Richtungen sich verästelndes Denken sprach verwandte Züge in Claudius an, besonders den Hang und die Gabe zur mystischen Frömmigkeit, wenn er auch humorvoll zugab, nicht alles zu verstehen, was der dunkle Magus verkündete. Als dieser verstimmt war, daß der «Wandsbecker Bote» Herders Buch «Älteste Urkunde des Menschengeschlechts» selbst und vor ihm rezensirt hatte, entschuldigte sich Claudius: *Hamann ist böse, daß ich die Urkunde schon rezensiert habe, und meint, ich könne wohl aus seinem kleinen opusculo in meiner Hand gestohlen haben und hätte unmaßgeblich schweigen sollen, bis er geredt hätte, weil er sich so gebalgt und geeilt hätte, der erste Rezensent Eures Buches zu sein. Hab das nicht gewußt, sonst hätte den preußischen Heraklit gerne zuerst reden lassen – aber gestohlen hab ich nicht. Der Henker bestehle einen Magum; müßte ich doch fürchten, daß er mich mit der gestohlenen Ware in der Hand der ganzen Welt zum Spectacle festzauberte. Gott segne Euch und ihn!* ...[53]

Sosehr nun auch die kleine Wandsbecker Zeitung das Ansehen der Kenner genießt, sosehr sie durch ihren Redakteur, der mit den bedeutendsten Köpfen zweier Generationen, der älteren und seiner eigenen, in tätiger Beziehung steht, zu einem der bemerkenswertesten Organe aus einem Guß in der Geschichte der deutschen Presse gemacht worden ist – es geht trotz

Johann Heinrich Voß. Gemälde von Wilhelm Tischbein

alldem mit ihr zu Ende. Claudius, der jetzt gerne als *Asmus* zeichnet, weiß das besser als irgendwer sonst, Bode ausgenommen, und er bereitet seinen Abgang vor.⁵⁴ In demselben Jahr 1775, da der «Wandsbecker Bote» zu erscheinen aufhört und Claudius seine Kündigung erhält – eine Kündigung, die übrigens die Freundschaft mit dem *Baron, dem dicken Herrn*, wie Bode scherzhaft genannt wird, nicht beeinträchtigt –, veröffentlicht der Exredakteur in einem schmalen Bändchen den ersten und zweiten Teil seiner *Sämmtlichen Werke*, Titel *Asmus omnia sua secum portans* [Asmus, alles Seine mit sich tragend]. Sie enthalten im wesentlichen die eigenen Beiträge aus den viereinhalb Jahrgängen der Zeitung, dazu einige Stücke aus den «Adreß-Comptoir-Nachrichten» und dem «Göttinger Musenalmanach». Dieser *Asmus* wird es bis zu Claudius' Tod auf acht Teile bringen: 1778, 1783, 1790, 1798, 1803 und 1812 erscheinen die Fortsetzungen. Eine einzigartige Personifizierung hat sich vollzogen: Der «Wandsbecker Bote», Name einer kurzlebigen, fallierten Zeitung, ist zu einem Menschen aus Fleisch und Blut geworden, fortlebend, durch die Zeiten gehend, inkarniert als Matthias Claudius.

Das *Büchel*, wie der Verfasser es nennt, *die Schnurrpfeifereien*⁵⁵ bilden ein höchst eigenartiges, in ihrer Zusammensetzung eigentlich mit nichts anderem in unserer Literatur zu vergleichendes Sammelsurium von Gedichten, darunter einige der schönsten deutscher Sprache, Rezensionen, fingierten Briefen an den fingierten *Vetter Andres*, drolligen, kauzigen, sarkastischen Reimereien, Verschen, Epigrammen, von tiefdringenden religiösen Erörterungen, philosophischen Abhandlungen, erdachten

*Johann Georg Hamann.
Anonyme Zeichnung*

Gesprächen, von Huldigungspoemen, Gelegenheitsliedern, Bibelauslegungen: Farbe und Fülle des Lebens, des wirklichen Lebens — gleich weit entfernt von idealisch-esoterischem Realitätsschwund wie von dumpfer Vulgarität; Nöte und Freuden, Tränen und Gelächter, Spott und Selbstironie, Nachdenklichkeit und Ulk, Glaube und Demut wirklicher Menschen, nicht aus der Norm herausgehobener Ausnahmewesen und auch nicht verkümmerter Weltverächter.

Nicht alles, was er schrieb, hat Claudius in seine Boten-Büchlein hineingegeben, aber doch das Wesentliche. Vom fünften Teil der *Sämmtlichen Werke* an wird eine Akzentverlagerung deutlich: die ernsten Töne nehmen zu, die spaßigen Skurrilitäten ab. Die Auseinandersetzung mit der neuen Zeit, die durch die Französische Revolution heraufgeführt wird, rückt mehr und mehr in den Mittelpunkt. Der alte Claudius wird zum Mahner und Prediger. Wer die acht Teile nacheinander liest, geht den Weg der ungebrochenen, in sich heilen Reifung eines Menschen von den «besten Jahren» an bis zu jenem Gipfel, an dem der Tod den genau richtigen Punkt setzt, nach.

Der Wunsch des *Asmus*, seine Botschaft solle nicht auseinandergepflückt, nicht in ihre Sparten «Lyrik», «Kritik», «Essay», «Epigramm» und so fort aufgeteilt werden, wurde sicherlich zu Recht respektiert. Freilich liegt darin die Gefahr, daß die Bedeutung des Dichters, des Journalisten, des religiösen und politischen Denkers unterschätzt wird, weil sie in einem Gesamtbild von kauzigem, familienidyllischem, kindlich-frommem «Original» untergeht. Aus diesem Grund habe ich versucht, Claudius auch in «Längsschnitten» dem heutigen Verständnis nahezubringen, wobei sich erwies, daß jeder Längsschnitt doch zugleich auch der ganze Claudius ist.

Mit Eifer sammelten die Freunde in Hamburg, Bückeburg (Herder), Göttingen (die Hainbündler), in Ulm (Miller), Kopenhagen (Gerstenberg), Königsberg (Hamann), aber auch in Leipzig, Berlin, der Schweiz Besteller für das Buch, das sein Autor so angekündigt hatte: *Ich will meine Werke auch sammeln und h'rausgeben. Es hat mich zwar, wie sonst wohl zu geschehen pflegt, kein Mensch drum gebeten, und ich weiß besser als irgendein geneigter Leser, wie wenig dran verloren wäre, wenn meine Werke so unbekannt blieben als ich selbst bin, aber 's ist doch so artig mit dem Subskribieren und H'rausgeben, und so eine Freud' und Ehre für mich und meine alte Muhme; ist auch ja 's Menschen sein freier Wille, ob er subskribieren will oder nicht. Will sie also h'rausgeben, unter dem Titel Asmus, omnia sua secum portans, oder Sämmtliche Werke des Wandsbekker Bothen.*⁵⁶ In dieser Subskriptionsanzeige, die in No. 179 des «Deutschen, sonst Wandsbecker Boten» vom 8. November 1774 erschienen und mit *Asmus, pro tempore Bothe in Wandsbeck* unterzeichnet war, hatte Claudius außer auf Umfang, Preis, Erscheinungszeit auch auf die Ausschmückung *mit wenigstens 1 schönem Kupfer* hingewiesen. Es wurden dann vier, die der Bote sich alle selbst ausgedacht und über Vermittlung Gerstenbergs von dem Kupferstecher Preisler hatte stechen lassen, darunter der berühmte «Freund Hain», den Claudius den Lesern mit den Worten vorstellte: *Das erste Kupfer ist Freund Hain. Ihm dedizier' ich mein Buch, und er soll als Schutzheiliger und Hausgott vorn an der Haustüre des Buchs stehen ... 's soll Leute geben, heißen starke Geister, die sich in ihrem Leben den Hain nichts anfechten lassen, und hinter seinem Rücken wohl gar über ihn und seine dünnen Beine spotten. Bin nicht starker Geist; 's läuft mir, die Wahrheit zu sagen, jedesmal kalt über'n Rücken, wenn ich Sie ansehe. Und doch will ich glauben, daß Sie 'n guter Mann sind, wenn man Sie genug kennt; und doch ist's mir, als hätt' ich eine Art Heimweh und Mut zu Dir, Du ulter Ruprecht Pförtner! daß Du auch einmal kommen wirst, meinen Schmachtriemen aufzulösen und mich auf bess're Zeiten sicher an Ort und Stelle zur Ruhe hinzulegen ... Die Hand, lieber Hain! und wenn Ihr 'nmal kommt, fallt mir und meinen Freunden nicht hart.*⁵⁷ Viele Darstellungen des Todes sind möglich, räumte er ein und zählte etliche auf, um dann zu schließen: ... *bin aber doch lieber beim Knochenmann geblieben. So steht er in unsrer Kirch', und so hab' ich 'n mir immer von klein auf vorgestellt, daß er auf'm Kirchhof über die Gräber hinschreite, wenn eins von uns Kindern 's Abends zusammenschauern tat, und die Mutter denn sagte: der Tod sei übers Grab gegangen. Er ist auch so, dünkt mich, recht schön, und wenn man ihn lange ansieht, wird er zuletzt ganz freundlich aussehen.*⁵⁸

So guten Erfolg das *Büchel* auch haben mochte: die Frage, wie und wovon die wachsende Familie des *Asmus* eigentlich existieren sollte, wurde davon nicht gelöst. Zwar war man zusammen arm – seit Frühjahr 1775 wohnten Voß und Hölty in Wandsbeck, zeitweise kam Miller auf Besuch –, zwar halfen Geselligkeit, Hilfsbereitschaft, Humor und vor

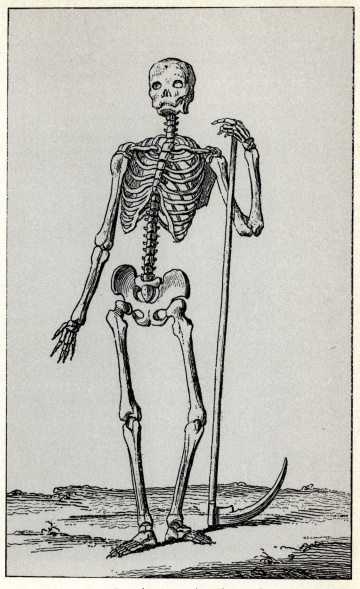

Freund Hain. Kupferstich von Johann Martin Preisler

Matthias Claudius. Gemälde von Friederike Leisching
(Slg. Dr. Hans Agricola, Hamburg)

Rebecca Claudius, geb. Behn. Anonymes Gemälde

allem die unübertrefflichen Hausfrauenkünste Rebeccas über vieles hinweg, aber die handfeste Sorge um das tägliche Brot blieb, und sie war nur dadurch zu beheben, daß Claudius' Leben eine völlig neue materielle Grundlage erhielt. Und diese zeichnete sich nun in Darmstadt ab.

Es war Herder, dem treuen Freund und unermüdlichen Helfer in der Not, durch seinen Darmstädter Schwager, den Geheimrat Hesse, gelungen, in Verbindung mit dem Hessen-Darmstädtischen leitenden Minister Friedrich Karl Freiherr von Moser zu treten. Zuerst ersah dieser Claudius zu seinem Privatsekretär aus, dann aber bot er ihm über Herder die Rolle eines «Oberlandcommissarius» mit 800 Gulden Gehalt im Jahr an. Schon hier ist vorwegnehmend zu sagen, daß Claudius in der ganzen Darmstädter Angelegenheit, von Anfang bis Ende, die Geduld seiner Freunde und Fürsprecher, das Wohlwollen seines Dienstherrn auf harte Proben gestellt hat. Während sich Herder zäh und ausdauernd bemühte, den Wandsbekker Hungerleider in Darmstadt unterzubringen, schrieb dieser an Gleim: *Ich möchte am liebsten auf dem Lande eine Stelle, die mir Zeit übrig ließe, und da wäre, denk' ich Postmeister wohl das beste. Ich kann auch zur Not Organist werden . . .*[59] Außerdem, so fügte er hinzu, solle der alten Mutter wegen die Stelle möglichst nah bei Hamburg oder Lübeck sein. Als dann das gut dotierte und ehrenvolle Angebot Mosers – ein Vertrauensbeweis für Herder und Claudius – eingetroffen war, brach dieser keineswegs in Jubel aus. Sein Kommentar lautete: *Recht gut,* Mosers Brief «recht gut», die Stelle «recht gut», aber . . . im Grunde möchte er eigentlich nicht aus seinem geliebten Wandsbeck fort, viel lieber würde er Amtsverwalter in seinem Geburtsort Reinfeld, oder wenn schon unbedingt nach Darmstadt, dann lieber auf eine *ruhige Stelle im Walde*[60], und vor Frühjahr, ja, vielleicht erst Sommer nächsten Jahres könnte er seine Stelle ohnehin nicht antreten. Es kam zur Verstimmung zwischen ihm und Herder, der sich mit Recht eine andere Reaktion erwartet hatte. Von dem Dankschreiben Claudius' an Moser war er entsetzt und leitete es nicht weiter. Der Schreiber verteidigte sich: *Habt Ihr nicht selbst gesagt, ich sollte in meiner Manier schreiben? . . . Gleich gut alles, ich habe den mißlungenen Brief zerrissen und mit Füßen getreten und einen andern geschrieben. Wenn der noch nicht recht ist, so tretet Ihr den mit Füßen, was braucht's noch Postgeld für den Salbaderwisch auszugeben? Ich will Euch zu Gefallen und mir zu Gefallen noch gerne andre schreiben . . . «Recht gut», das schreibe ich nicht mit einem kalten Schlaraffengesicht, sondern recht gut heißt mir, hol' mich der Henker, recht gut. Versteht mich nicht unrecht! und verzweifelt nicht! und argnißt nicht weitläufig, sondern sagt: so muß sein, denn ich suche nichts darin so zu schreiben, als ich geschrieben habe.*

Das ist wahr, könnte ich bei Hamburg oder Lübeck eine Stelle haben, ich täte das lieber, weil ich meiner Mutter und einiger anderen wichtigen Umstände wegen lieber noch einige Jahre in dieser Gegend bleibe, aber wenn ich weg muß, so will ich am liebsten nach Darmstadt und am liebsten durch Euch nach Darmstadt und kreuz und quer durchs Darmstädter Land reisen, wenn ich da nicht im Walde zu Hause sitzen und dabei eben sowohl Gutes schaffen kann . . .[61]

*Christoph Friedrich Nicolai.
Gemälde von Anton Graff*

Herbst und Winter vor dem Aufbruch nach Darmstadt gehörten der Arbeit an dem neuen Voßschen Musenalmanach und an einer von Miller vermittelten Übersetzung aus dem Englischen für den Leipziger Verleger Weigand – es bedurfte dabei für den einer solchen Aufgabe ungewohnten Claudius, dessen Stärke ohnehin nicht in kontinuierlicher termingebundener Arbeit lag, der Mithilfe Höltys. Besucher kamen: so der aus Frankfurt stammende Jacob Passavant, reformierter Prediger in Zürich, Verehrer Lavaters, Freund des jungen Goethe, mit dem er in Begleitung der Grafen Stolberg im Sommer die berühmte «Schweizerreise» unternommen hatte; so auch die Claudius seit ihren Kindertagen verbundenen Stolbergs selbst. Sie alle brachten Nachrichten aus der großen Welt in das stille Dorf: vom «Kraftgenie» Christoph Kaufmann, der Personifikation des «Sturm und Drang», von Goethe und seinem Herzog Karl August und dem «kraftgenialischen» Treiben in Weimar. Umgekehrt machte auch Claudius eine Besuchsreise nach Berlin, wo er mit dem mystisch-frommen Grafen Christian Haugwitz und mit dem Verleger und Schriftsteller Christoph Friedrich Nicolai, dem Haupt der Aufklärer, zusammentraf und beider so diametral entgegengesetzter Männer Zuneigung und Respekt gewann.

Kurz vor der Abreise stellte Klopstock noch in Wandsbeck die Bekanntschaft zwischen dem Ehepaar Claudius und dem jungen münsteranischen

Darmstadt, 1790. Gemälde von Albrecht Adam (Privatbesitz, Darmstadt)

Regierungsrat Anton Matthias Sprickmann her, einem universal begabten, Gedichte und Dramen verfassenden, Musik und Mathematik betreibenden «Originalgenie», wie man damals gerne sagte, der Jahrzehnte später zum Mentor der jungen Droste werden sollte. Er begleitete die Familie Claudius bis Hannover. Es war eine weite und mühsame Reise, und man nutzte sie, wie damals üblich, dazu, fällige Besuche abzustatten oder zu erwidern, Verbindungen neu zu knüpfen oder aufzunehmen, postalische in persönliche Beziehungen zu verwandeln. In Hannover bot der königliche Leibarzt Johann Georg Ritter von Zimmermann, der berühmte «Doctor Pomposus» Lichtenbergs, Protegé Friedrichs des Großen und der Zarin Katharina der Großen, Quartier. Man traf sich mit Boie und mit Hölty, der bereits vom Tode gezeichnet war. Eine Woche verbrachten die Claudius bei Herder in Bückeburg. Es war das erste Wiedersehen nach sechs Jahren. Der überragende Mann, neben Lessing und Goethe einer der Grundleger der «deutschen Kulturnation» im Sinne Wilhelm von Humboldts, der in seiner vollen Entfaltung stand, ohne daß schon die Entfernung zu Claudius spürbar wurde, schrieb begeistert an Gleim: «Claudius ist hier gewesen ... er ist ein herrlicher Junge, ganz wie jede Zeile seiner Schrift, von weichem Blick und sanftem einfältigem Herzen»[62], und an Lavater: «Noch nie hab' ich gewünscht, mit einem Menschen zusammenzuleben, wie ich mit Claudius wünsche.»[63]

Am Nachmittag des 16. April 1776 rumpelte endlich die schwere Kutsche über das Darmstädter Pflaster. Damit beginnt die einjährige Episode im «Boten-Leben», die eines näheren Hinsehens bedarf, weil gerade in ihr und durch sie die endgültige Lebensform des Matthias Claudius festgelegt wird. Nach Darmstadt hat es keine Zäsuren mehr gegeben.

Die große Zeit der kleinen Residenz, ihr Entrée in die deutsche Literaturgeschichte, ist, als die Wandsbecker eintreffen, schon vorbei. Vorbei die Zeit des freundschaftlichen Dreigestirns Merck–Goethe–Herder, zerstoben der Kreis der «Empfindsamen», verweht jenes schwärmerisch-rokokohafte «Zephirgesäusel», das unmittelbar dem mächtig ausbrechenden «Sturm und Drang» vorausging. Längst hatten sich Goethes und Herders Lebensbahnen vom Darmstädter Intermezzo entfernt. Henriette Caroline, die Große Landgräfin, Mittelpunkt des Darmstädter geistigen Lebens, war 1774 gestorben; ihr Mann, Landgraf Ludwig IX., residierte in Pirmasens, exerzierte mit seinen Soldaten, Spielzeug und Handelsware so mancher dieser spätabsolutistischen Kleinfürsten, und komponierte Märsche; das Land regierte Friedrich Karl von Moser. Er und der Kriegsrat Johann Heinrich Merck waren die beiden bedeutenden Gestalten dieser kleinen Welt, die sie weit überragten.[64] Gerade darin war allerdings auch ihr Scheitern und ihr Unglück begründet.

Merck, bei allem Sarkasmus ein durch und durch nobler Charakter, ein trotz allem persönlichen Kummer – unangemessener Wirkungskreis, problematische Ehe, geschäftliche Fehlschläge – stets selbstloser und unpathetischer Helfer in der Not, kam der Familie Claudius von Anfang an freundschaftlich entgegen und hat ihr, die sich nicht recht einleben konnte oder wollte, bis zum letzten Tag beigestanden. Und das, obwohl sich ein echtes herzliches Verhältnis sich nicht herstellen wollte. Es waren zu verschiedene Naturen, der oft gallig-scharfe kritische Rationalist und der im Grunde weich-bescheiden-fromme, bisweilen lebensuntüchtige Gefühlsmensch. «Wir haben nun Claudius», schrieb Merck an Wieland, kaum daß er ihn kennengelernt hatte, «ein trefflicher, sehr selbständiger Mensch . . . so ohngefähr wie Klopstock im Äußern, nur mehr poetische Laune und Leichtigkeit. Er ist derb, kalt und schlägt allen Leuten in die Augen, das freut mich nun von Herzen, denn ich gehe unter des Menschen Anomalie mit der meinigen wie unter einer herrlichen Dachtraufe . . . Ein schönes, schönes Weibchen hat er, existiert ganz in seinen Kindern; wenn die Visiten kommen, setzt er die Kinder aufs Häfgen – weiß übrigens nichts was Geld und Gut ist, und ist überhaupt sehr brav – nichts von der weisen garstigen Almanachie und dem Totengewimmer, sondern ist sehr lustig . . . geht ohne Stock und Degen und Puder mit dem bloßen Cadogan zum Präsidenten, und der kann's doch nicht übelnehmen, spielt ein herrliches Klavier u.s.w.»[65] Des so anschaulich geschilderten Neuankömmlings Urteil über den Kriegsrat war wesentlich reservierter: *Merck ist ein sehr schlauer Mann, der in der gelehrten und zivilen Welt gute Kenntnisse und connexions hat. Mir hat er sehr viel Dienste getan, aber mit ganzem Herzen kann ich ihn nicht lieben. Er ist von der göthischen Sekte.*[66] Beide Urteile zusammengenommen zeigen, wie sehr Claudius sich als ein Eigener zu behaupten gewillt war, der auf keinen Fall etwas mit einer «Sekte», nicht einmal wenn sie Goethe zum Gegenstand der Verehrung oder Nachahmung hatte, zu schaffen haben mochte; aber auch, wie sehr er gegen alle Konvention verstieß, woraus an einem kleinen Hof fast mit Notwendigkeit Isolation und schließlich Scheitern resultieren mußten.

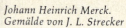
*Johann Heinrich Merck.
Gemälde von J. L. Strecker*

Zunächst wohnte Claudius in der sogenannten «neuen Vorstadt», wo ihn Geheimrat Hesse auf Herders Bitten eingemietet hatte. *Hier bin ich wohl aufgenommen worden und Himmel und Erde sind hier schön*, berichtete er an Voß. *Aus meinem Fenster sehe ich den Moelibocus, einen großen Tannenwald im Vordergrund und weites Feld und am Ende rundum eine Kette von Bergen...*[67] Später zog er um: *... wir wohnen in dem ersten Hause am Tor und sehen alles ein- und ausgehen und hören alle 4–5 Stunden die Trommel, die hier gar meisterlich geschlagen, sowie auch meisterl. gepfiffen wird... Wir haben einen großen Saal für Fremde, eine gute Stube für uns, und eine andre, wo der Nachttopf steht, und noch eine für Stina, und eine Küche darin viel gebraten werden kann und wenig gebraten wird, und einen Keller wo kein Wein darin ist, und einen Holzstall und ein Waschhaus und keinen Garten und keinen Garten, und so hol' der Henker den großen Saal und die Stube für uns und die Stube mit dem Nachttopf und Küche und Keller und Waschhaus. Die Leute lieben hier Frisur und Puder so sehr wie in Hamburg und Lübeck, ich lasse aber doch nur alle Sonntage einstreuen.*

Mein lieber Voß, als wir noch in Wandsbeck waren, das war eine Zeit! Aber ich sagte Ihnen damals schon, daß die von nun an nicht wiederkäme... v. Moser ist ein trefflicher, enthusiastischer Mann, der großen Handlungen fähig; mündlich mehr.[68]

Der großen Handlungen fähig – Claudius sah richtig. Moser, der Sohn des bedeutenden Staatsrechtlers Johann Jakob Moser, «hatte», wie Stammler schreibt, «die Aufmerksamkeit des weitblickenden Fürsten durch seinen Fürstenspiegel ‹Der Herr und der Diener› (1759) auf sich gelenkt. Als Dichter geistlicher Lieder pietistischen Kreisen nahestehend, mit Hamann als ‹Laienbruder› befreundet, durchdrungen von der Würde des ‹deutschen Nationalgeistes› schwang er sich rasch zum allmächtigen Minister auf und suchte ... Reformen und Besserungen einzuführen.»[69] Dabei war eine besondere Rolle der Oberlandkommission, der Claudius angehörte, zugedacht. Sie begann 1776 ihre Tätigkeit, welche die Erstellung statistischer Tabellen über den wirtschaftlichen Zustand der Landgrafschaft, Hebung des Ackerbaus und der Viehzucht, Rationalisierung der kommunalen Haushalte und Schaffung einer Land-Rechnungs-Revision (einer Art von Rechnungshof) umfaßte. Wir besitzen über Claudius' Tätigkeitsfeld keine genauen Angaben; es wird sich um nicht viel mehr als um Schreibarbeiten gehandelt haben. Mit seinem direkten Vorgesetzten, dem Kammerrat Eymes, stand er von Anfang an schlecht, sicherlich nicht ganz ohne seine Mitschuld; denn sosehr er auch das weiche Klima, die *dünne Luft*, für sein Mißbehagen verantwortlich machte – fest steht, daß regelmäßiger Dienst und korrekte Erledigung trockener Obliegenheiten innerhalb einer kleinstaatlichen Beamtenhierarchie nicht sein Fall gewesen ist. Die Landschaft gefiel ihm: *So eine Bergstraße gibt's wohl kaum noch einmal in Deutschland und so eine Aussicht wie die vom Moelibocus auch wohl kaum noch einmal*[70], aber schon im August berichtete er an Herder: *Es hat bisher zwischen mir und dem Direktor* (Eymes) *Irrung geobwaltet, davon ich Euch mündlich erzählen will, wenn wir uns einmal sprechen. Schreiben mag ich von solchem Quark nicht. Seid Ihr aber nur hübsch ruhig, ich will Euere Empfehlungen nicht Lügen strafen. Es scheint auch, daß, nachdem ich vor einigen Tagen den Hr. Präsidenten, der ein trefflicher Mann ist, grade herausgesprochen, alles bessern Gang gehen wolle. Hier hab ich sonst niemand zum Vertrauten in diesem Quark gemacht und also tischt in Euren Briefen hieher auch nichts davon auf.*[71] Dieses erwähnte «grade Heraussprechen» hatte wohl nicht die von Claudius vermutete Wirkung, denn Moser war bei aller seiner hohen Bildung, geistigen Bedeutung, pietistischen Neigung keinesfalls ein Mann der gutmütigen Bonhomie, vielmehr durchaus auf Repräsentation und Geltung bedacht, nicht ohne Eitelkeit, sehr entschieden, ja mitunter herrisch.

Zwar versuchte Claudius, der sich in Darmstadt trotz dem geselligen Verkehr mit Merck, Hesse, Flachsland (Herders Schwägern), trotz gelegentlichem Theaterbesuch in Mannheim und trotz der neuen Bekanntschaft mit Maler Müller vereinsamt fühlte, Freund Voß aus Wandsbeck nachzuziehen.[72] Er selbst aber drängte mit aller Kraft zurück in seine holsteinische Heimat. Dies, obwohl er sich von der eigentlichen Kommissionstätigkeit schon nach einem halben Jahr befreit bzw. ausgeschaltet und statt dessen – in Ansehung seiner Erfahrungen mit dem «Wandsbekker Boten» – mit der Herausgabe einer Zeitung beauftragt sah. Es handelte sich dabei um die «Hessen-Darmstädtische privilegierte Landzeitung», ein Blatt, welches, wie der landgräfliche Erlaß sagte, bestimmt war, «Unser so sehr zerstreutes Land mit sich selbst bekannter zu machen, Fleiß, Verdienste, edle und gute Handlungen aufzumuntern und den jetzt Lebenden sowohl zur Kenntnis als der Nachwelt zum Andenken zu bringen, den Weg der Kommunikation des Landes unter sich zu erleichtern, und auch Auswärtigen in all diesen Stücken auf eine anständige Art bekannter zu

Friedrich Karl von Moser. Silhouette

werden»[73]. Als Herausgeber fungierte die Invalidenkommission, Invaliden trugen die Zeitung den Beziehern in die Wohnung; so lag es nahe, daß sich der *Asmus* aus Wandsbeck in Darmstadt in den *Invaliden Görgel* verwandelte. Sehr viel hat Claudius zur «Darmstädtischen Landzeitung», die ab 1. Januar 1777 erschien, nicht beigetragen, doch die *Görgeliana* nahm er später in seine Werke auf, darunter *Des alten lahmen Invaliden Görgel sein Neujahrswunsch*, der zuerst dem *lieben Bauernstande* gilt und die Verse enthält:

> *Ich bin von Bauern her*
> *Und weiß, wie nötig auf dem Lande*
> *Ein fröhlich Neujahr wär'.*
>
> *Gehn viele da gebückt und welken*
> *In Elend und in Müh',*
> *Und andre zerren dran und melken*
> *Wie an dem lieben Vieh.*

Und ist doch nicht zu defendieren
Und gar ein böser Brauch;
Die Bauern gehn ja nicht auf Vieren,
Es sind doch Menschen auch.[74]

Man kann im Zweifel sein, ob diese Töne den Initiatoren der Zeitung willkommen waren. Claudius, der zum erstenmal aus der Nähe das krasse Elend des wirklichen Volkes, der kleinen Leute, Bauern, Handlanger, Invaliden sah, fand in seiner ureigensten originellen Sprache Worte und Bilder vernichtender sozialer Kritik, so im *Billet doux von Görgel an seinen Herrn, den 10. Januar: . . . denn sind auch immer so viele arme Leute darin, alt und jung, die Holz sammlen und auf dem Kopf zu Hause tragen; und das seh' ich so mit an und gehe meinen Gang hin. Seit der viele Schnee gefallen ist, fehlt mir aber meine Gesellschaft; die arme Leute können nicht zu, und ich kann denken, daß sie sowohl hier als überall, wo so viel Schnee liegt, bei der Kälte übel daran sind. Mein Herr hat gottlob einen warmen Rock und eine warme Stube, da merkt Er's nicht so, aber wenn man nichts in und um den Leib hat und denn kein Holz im Ofen ist, da friert's einen gewaltig.*

Am Nordpol, hinter Frankfurt, soll Sommer und Winter hoch Schnee liegen, sagen die Gelehrten, und in den Hundstagen treiben da Eisschollen in der See, die so groß sind als die ganze Herrschaft Eppstein und tauen ewig nicht auf! und doch hat der liebe Gott allerlei Tiere da, und weiße Bären, die auf den Eisschollen herumgehen und guter Dinge sind, und große Walfische spielen in dem kalten Wasser und sind fröhlich. Ja, und auf der anderen Seite unter der Linie, über Heidelberg hinaus, brennt die Sonne das ganze Jahr hindurch, daß man sich die Fußsohlen am Boden sengt. Und hier bei uns ist's bald Sommer und bald Winter. Nicht wahr, mein lieber Herr, das ist doch recht wunderbar! und der Mensch muß es sich heiß oder kalt um die Ohren wehen lassen und kann nichts davon noch dazu tun, er sei Fürst oder Knecht, Bauer oder Edelmann. Wenn ich das so bedenke, so fällt's mir immer ein, daß wir Menschen doch eigentlich nicht viel können und daß wir nicht stolz und störrisch, sondern lieber hübsch bescheiden und demütig sein sollten. Sieht auch besser aus, und man kommt weiter damit.

Nun Gott befohlen, lieber Herr, und wenn Er 'n Stück Holz übrig hat, geb' Er's hin, und denk' Er, daß die armen Leute keine weißen Bären noch Walfische sind.[75]

Es gibt keine Beweise dafür, daß es a u c h diese unkonventionelle, aber gerade in ihrer schlichten Menschlichkeit so eindrucksvolle soziale Kritik gewesen ist, die den Vorgesetzten den Weggang des *Görgel, einst auch A–s genannt* aus Darmstadt noch wünschenswerter als ohnehin erscheinen ließ. Nach einem scharfen Schreiben Mosers, der Claudius ziemlich unverblümt den Stuhl vor die Tür setzte – wobei allerdings die Möglichkeit angedeutet war, als Redakteur der Landzeitung im Dienst zu bleiben –, und einer würdigen Entgegnung des sich zu Unrecht gerügt Fühlenden, nahm der Oberlandcommissarius – im Grunde erleichtert – seinen Abschied. Nach einer schweren Rippenfellentzündung, die ihn im März 1777 an den Rand des Todes gebracht hatte, brach er mit seiner hoch-

*Rückkehr nach Wandsbeck. Illustration zur Lebensgeschichte.
Tuschzeichnung eines unbekannten Künstlers*

schwangeren Rebecca und den beiden Kindern in derselben Kutsche, in der sie vor einem Jahr angekommen waren, am 21. April von Darmstadt auf. Am 4. Mai 1777, so berichtet er jubelnd an Hamann ... *gegen mittags 1 Uhr über die Elbe gangen und nach einer lustigen Fahrt ... um 5 Uhr den langen Turm in Wandsbeck zu Gesicht, um 6 mit Leib und Seel' und Kutsch und Pferden glücklich in Wandsbeck angekommen ... und nun, Gott sei herzlich Dank, daß wir hier sind!!!* [76]

III. VOLLENDEN

Dasselbe Häuschen am Steindamm, derselbe Garten, dasselbe Leben mit den alten Freunden und in der alten Armut – alles wie vor Darmstadt. Die Familie vergrößert sich weiter: Am 6. Juni bringt Rebecca wieder keinen Sohn, sondern die dritte Tochter Anna Friederike Petrine zur Welt, und es gilt, was der stolze Vater schon bei der zweiten Tochter an Miller geschrieben hatte: *Man muß vorlieb nehmen, sonst ist's aber eine herrliche Art Mädchen, die meine Frau gebiert . . .*[77] Die Arbeit am zweiten *Büchel*, dem dritten Teil des *Asmus*, wird sogleich mit Eifer vorangetrieben: schon am 20. August kann die Subskriptionsanzeige, die das Erscheinen für Ostern 1778 ankündigt, hinausgehen. Zwar hat Claudius in Darmstadt nicht viel geschrieben, aber darunter doch ein paar besonders hübsche Stücke für den Voßschen Musenalmanach, wie *Morgenlied eines Bauersmanns* mit *Anmerkungen von meinem Vetter, darin er mich zum Besten hat*[78] und *Anselmuccio*, die Wunschphantasie von dem noch nicht geschenkten Sohn:

> *Ist gar ein holder Knabe, er,*
> *Als ob er's Bild der Liebe wär'.*
> *Sieht freundlich aus und weiß und rot,*
> *Hat große Lust am Butterbrot,*
> *Hat blaue Augen, gelbes Haar,*
> *Und Schelm im Nacken immerdar,*
> *Hat Arm' und Beine, rund und voll!*
> *Und alles, wie man's haben soll.*
> *Nur eines fehlt dir, lieber Knabe!*
> *Eins nur: daß ich dich noch nicht habe.*[79]

Neben der fortgeführten Korrespondenz zwischen dem Autor und seinem anderen Ich, dem weltläufigen, klugen und trocken-drastischen Vetter Andres, bildet die *Nachricht von meiner Audienz beim Kaiser von Japan* das Kernstück des Bändchens und einen ersten Höhepunkt der *Sämmtlichen Werke* überhaupt. In einer einzigartigen Mischung von Ernst und Spaß, von treuherziger Naivität und ausgekochtem Schalk, von Komik, die nachdenklich, und Weisheit, die lachen macht, in erfundenem «Japanisch» mit deutscher «Übersetzung» verbindet hier Claudius, der sich in der Doppelperson von Asmus und Vetter Andres präsentiert, allgemeinmenschliche Einsichten mit Zeitkritik, eins im andern verwoben, ohne daß jene jemals penetrant, diese jemals platt wirken.

Mein Vetter kam auf'm Morgen zu mir, so setzt die Vorrede ein, *hört Vetter, ich hab's auf dem festen Lande satt; wollt Ihr mit zur See gehen? Ich hatte eigentlich keine Lust, aber ich kann ihm nichts abschlagen, und so zog ich mich an und ging mit ihm zur See . . .* In Japan angelangt, sehen sie *auf dem Wege von Nagasaki nach Jedo . . . verschiedene sonderbare japan'sche Tiere, gewaltig viel Hunde, die in Japan größtenteils keine Herren haben und als Privatpersonen für sich leben . . . Nicht weit von Jedo, trafen wir . . . am Wege verschiedene Affen. Einer von diesen hatte einen Menschenschädel und spielte damit. Mein Vetter warf einen Stein auf den*

Affen, und der Schädel fiel herunter; der Unterkiefer fehlte daran, sonst war er ganz. «*Steckt ihn bei*», *sagte mein Vetter zu mir,* «*wir wollen ihn begraben, wenn wir heimkommen, daß er wenigstens nun Ruhe habe; der arme Junge ist vielleicht genug in seinem Leben gehudelt worden.*»[80] Der Schädel spielt dann noch in der Audienz eine Rolle. Diese beginnt mit dem Dank des Chans für die *dedizierte Romanze: Aber wie ist Er auf den Einfall gekommen, mir eine Romanze zu dedizieren? Asmus: 'mui 'Pia Neti. Ich habe von Natur einen besondern Respekt für die Potentaten, die weit weg sind . . . Der Chan: 'A Noti 'Piprase 'Wa Nschbok 'Heomo. Ich habe mir seine Romanze übersetzen lassen und sie mit Vergnügen gelesen. Das Wandsbeck muß ein angenehmer Ort sein. Asmus: Heomeo. Ganz angenehm, Sire. Der Chan: 'Hussiput 'Pipis. Gibt es viele Poeten in Europa? (Ich sah meinen Vetter an.) Mein Vetter (mir in's Ohr): Poeten genug, große und kleine, und Ihr seid einer von den kleinen. Asmus: 'Pipise 'Brame 'Miose 'Mioseti. Poeten genug; große und kleine, und ich bin einer von den kleinen.*[81] Am Ende der Audienz fragt der Chan nach dem mitgebrachten Schädel: *Mir graut, wenn ich ihn ansehe. Asmus antwortet: Mir nicht. Ich habe dem Mann in seinem Leben kein Leid getan.* Und auf die Frage des Chans an den Hofmarschall, wer der Mann gewesen sei: *Er war'n Mensch, lieber Kaiser; und sein Leben und Glück in dieser Welt war Deiner Hand anvertraut. Alle Japaneser sind seine Brüder und alle Siamer und Chineser und Malajen und Moguln und wir Europäer auch. Ich sage Dir Dank im Namen der Europäer für alles Liebes und Gutes, was Du ihm getan hast . . .*[82] Dieser Antwort, die ihren rührenden oder bitteren Sinn nur aus der dem Fragenden bekannten Wahrheit der Situation her empfängt, folgt nun eine Art von «Fürstenspiegel», in dem aber bereits die härteren, anklagenden Töne mitschwingen, die dann später Schiller in «Kabale und Liebe», etwa in der Szene zwischen Lady Milford und dem Kammerdiener, zur vernichtenden Anklage steigert. Asmus, nachdem er sich als Gnadenbeweis noch das Ohr des bösartigen, schmeichlerischen Hofmarschalls Albiboghoi hat abschneiden lassen, schließt mit den Worten: *Ich habe noch eins auf dem Herzen, Sire. Wir haben in Nagasaki so viele Soldaten und Kanonen gesehn: Wenn Du irgend umhin kannst, lieber guter Fürst, so führe nicht Krieg. Menschenblut schreiet zu Gott, und ein Eroberer hat keine Ruhe.* Der Verfasser setzt noch hinzu: *Und damit drückte ich ihm seine Hand, bückte mich und ging weg, und die Tränen standen mir in den Augen.* Damit kein pathetischer, sentimentaler Eindruck entsteht: *Sobald wir zurück nach Nagasaki kamen, tat ich das Ohr in Spiritus und band das Glas mit einer Blasen zu.*[83] Unter diesem letzten Satz das Bild vom eingemachten Ohr.

Claudius beherrschte mit erstaunlichem Geschick die Kunst, den Mächtigen dieser Welt den Spiegel vorzuhalten und es ihnen zu überlassen, ob sie darin die Bilder der Unmenschlichkeit, des Elends, der Bitternis wahrnahmen oder nicht. Wie Asmus dem Chan und Görgel seinem Herrn eine Lektion in Humanität erteilen, so auch der «parforcegejagte Hirsch» dem brutalen Jäger: *Durchlauchtigster Fürst, Gnädigster Fürst und Herr! Ich habe heute die Gnade gehabt, von Ew. Hochfürstlichen Durchlaucht parforcegejagt zu werden; bitte aber untertänigst, daß Sie gnädigst geruhen, mich künftig damit zu verschonen. Ew. Hochfürstl. Durchlaucht sollt nur*

Matthias Claudius. Lithographie von Otto Speckter

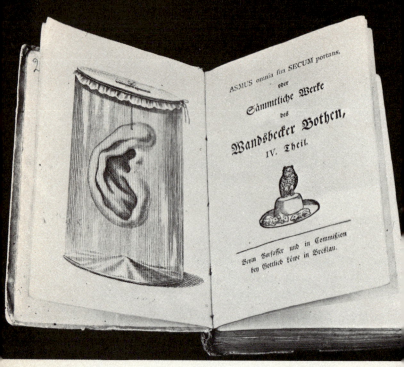

Das Ohr des Hofmarschalls. Illustration aus den «Sämmtlichen Werken»

einmal parforcegejagt sein, so würden Sie meine Bitte nicht unbillig finden. Ich liege hier und mag meinen Kopf nicht aufheben, und das Blut läuft mir aus Maul und Nüstern. Wie können Ihr Durchlaucht es doch übers Herz bringen, ein armes unschuldiges Tier, das sich von Gras und Kräutern nährt, zu Tode zu jagen? Lassen Sie mich lieber totschießen, so bin ich kurz und gut davon. Noch einmal, es kann sein, daß Ew. Durchlaucht ein Vergnügen an dem Parforcejagen haben; wenn Sie aber wüßten, wie mir noch das Herz schlägt, Sie täten's gewiß nicht wieder, der ich die Ehre habe zu sein mit Gut und Blut bis in den Tod etc. etc.[84]

Wie hier die fühllose Roheit eines «Herrschaftsvergnügens» gebrandmarkt wird, erweist Claudius als einen realistischen Menschenkenner: die tragikomische Epistel erschüttert mehr, als jede salbungsvolle Predigt es vermöchte.

Das kleine Buch fand dank der rührigen Werbung der alten Freunde, zu denen sich nun auch die Darmstädter Merck, Hesse, Wenck, der Pädagoge und Historiker, gesellten, befriedigenden Absatz und erhielt freundliche Kritiken, sogar im «Teutschen Merkur» von dem alte Reibereien nicht nachtragenden Wieland und in Nicolais «Allgemeiner deutscher Bibliothek».

Vom Geld ist die Rede, von wem noch?

Es ist unmöglich . . .

...allein von der Literatur zu leben, klagte der Mann, der zeitlebens versuchte, seinen «Göttern Geld und Ehrgeiz» mit literarischer Arbeit gerecht zu werden.

Seine Vornamen Fingall O'Flahertie Wills verraten seine Heimat: Irland, genauer Dublin. Vater und Mutter waren lokale Berühmtheiten, er als Arzt, sie als Dichterin unter dem Pseudonym Speranza. Als der Sohn — er ist unter einem weiteren Vornamen berühmt — zum Katholizismus neigte, drohte der Vater mit Enterbung. Viel hinterließ er später ohnehin nicht. «Ich hatte das doppelte Unglück, aus einem guten Hause und arm zu sein», schrieb er in einem seiner Stücke. 24jährig erhielt er einen Preis für ein Gedicht, aber berühmt machte ihn nicht, was er schrieb, sondern wie er sich gab: mit langen Haaren, Samthose, Seidenstrümpfen, Spazierstöckchen, die Wohnung ausstaffiert mit Chippendale, Satinholz, weißen Lilien, blauem Porzellan. Er wurde zur Figur von Karikaturen und Operetten, ehe er als Dichter berühmt wurde. Als 28jähriger wird er zu einer Vortragsreise in die USA eingeladen, eher als seltenes Tier denn als Dichter bewundert, von Frauen umschwärmt, von Studenten verspottet. Für 1000 Dollar Vorschuß schreibt er ein Theaterstück, das abgelehnt wird — auf die versprochenen weiteren 4000 Dollar muß er verzichten. Drei Monate Paris war alles, was er sich von seinem in Amerika verdienten Geld leisten konnte. Um das Leben zu verdienen, macht er weitere Vortragsreisen, referiert über Kleidung (er bekämpfte Korsett und Reifrock) und über schönes Wohnen. Aber: «Ich werde von Ausgaben überwältigt», stöhnte der notorische Verschwender.

Er heiratet, ist aber «von dem Eheleben zu Tode gelangweilt». Ein von ihm selbst angestrengter Prozeß bringt ihm schließlich zwei Jahre Haft mit Zwangsarbeit und den völligen Bankrott. Seine Gläubiger streiten sich in zwei Prozessen um 6000 Pfund Schulden. Nach der Haft lebte er als «Sebastian Melmoth» noch drei Jahre auf dem Kontinent, hauptsächlich in Frankreich. Er starb in Paris. Von wem war die Rede?

(Alphabetische Lösung: 23—9—12—4—5)

Pfandbrief und Kommunalobligation

Meistgekaufte deutsche Wertpapiere - hoher Zinsertrag - schon ab 100 DM bei allen Banken und Sparkassen

Verbriefte · Sicherheit

Dennoch, auch wenn etwa 1500 Exemplare verkauft werden, auch wenn Namen und Ansehen des «Boten» in Deutschland sich festigen, unverändert und unbehebbar, ganz wie in der vordarmstädtischen Zeit, bleibt die materielle Kümmerlichkeit der Wandsbecker Familie. Längst sind die Freunde schon in Ämter und Würden eingerückt wie Gerstenberg, Schönborn, Herder; oder sie stehen im Begriff, es zu tun, wie Voß, der Boies Schwester heiratet und dann 1778 als Rektor nach Otterndorf (im Lande Hadeln, nahe Cuxhaven), später nach Eutin geht; oder wie Friedrich Leopold zu Stolberg, der Diplomat, dann Kammerpräsident, ebenfalls in Eutin, wird; oder wie Sprickmann, der 1779 eine Berufung auf den Lehrstuhl für Strafrecht an der Universität Münster erhält. Nur Claudius bleibt der «freie Schriftsteller», aber er hat eine Idee: durch die Bekanntschaft mit Joachim Heinrich Campe, welcher Erzieher der beiden Knaben Humboldt gewesen ist, dann eine Pfarrstelle in Potsdam und schließlich die Mitkuratortätigkeit (neben Basedow) am Dessauer Philanthropinum aufgegeben hatte und nach Hamburg gekommen war, sind die pädagogischen Neigungen und Interessen des «Boten» geweckt, und er vereinbart mit Friedrich Heinrich Jacobi, dem Jugendfreund Goethes, der als Hofkammerrat in Düsseldorf lebt, die Erziehung seiner Söhne zu übernehmen. Die beiden Jungen, dreizehn und zehn Jahre alt, treffen zu Ostern 1778 in Wandsbeck ein. Claudius, dessen genauer Lehrplan dem Vater eingereicht, von diesem Merck vorgelegt und von dem gebilligt worden war, unterrichtet die Kinder, die ganz in die Familie aufgenommen sind, in Lateinisch, Griechisch, Englisch, Mathematik und nicht zuletzt natürlich in Musik. Mit einem Schlag sind die materiellen Nöte wenigstens fürs erste behoben. Jacobi zahlt großzügig – er wird, was noch wichtiger ist, mit der Zeit zum besten Altersfreund des *Wandsbecker Bothen*.

Das Leben des Matthias Claudius verläuft nun stetig und gleichförmig, was nicht heißt: innerlich ereignis- und entwicklungslos. Aber er agiert, reist, redet nicht, sondern er läßt geschehen; er ist, wenn man so will, «statisch»: er sucht nicht mehr, er läßt sich finden. Die Botschaft, die sein *Asmus* mitzuteilen hat, *omnia sua*, geht durch Deutschland, der Bote aber bleibt ruhig in seinem Wandsbeck. Er pflegt einen weitgespannten Briefwechsel, nimmt lebhaften Anteil an der literarischen und philosophischen Tagesproduktion, nicht immer mit sicherer Unterscheidung, liebt das gesellige Beisammensein mit fröhlichem Umtrunk und mit Musik, die niemals fehlen darf – die heranwachsenden Kinder bedeuten zugleich ein heranwachsendes Hausorchester –, und betreibt das Leben in und mit seiner Familie, für sie, als seinen eigentlichen, innerlichsten Beruf. Besucher, wenn sie sich nicht aufdringlich oder läppisch geben, sind gern gesehen; andernfalls kann er, wie der Dichter Friedrich von Matthisson erzählt hat, mit «Kälte und Einsilbigkeit» reagieren. So empfing er, berichtet Matthisson, «einmal einen Magister, von dem er bestimmt wußte, daß er nur wandere, um in der Geschichte seiner literarischen Pilgerfahrt eine Nachteule mehr nach Athen zu tragen, bloß mit einer stummen Verbeugung. Hierauf wurde der Fremde durch einen Wink zu einem Spaziergang nach der Wiese eingeladen, wo die Kuh weidete. Fortschreitend wie ein Karthäuser, ergriff Claudius die Nachtmütze, um das treue Haustier, welches mit Stechfliegen ganz übersät war, von dieser Plage mitleidig zu befreien, und richtete auch

*Friedrich Heinrich Jacobi.
Stich von Frans Hemsterhuis*

wirklich unter der argen Brut eine große Niederlage an. Nun erfolgte eine zweite stumme Verbeugung, und der Reisende, den Sinn des Auftritts ahnend, empfahl sich mit sichtbarer Verlegenheit. ‹Je nun›, sagte Claudius, ‹Taten sind mehr wert als Worte, und ich meine, diese heroische Szene werde sich im Drucke nicht ganz übel ausnehmen.›»[85]

Alte Freundschaften kühlen allmählich ab, so die mit Herder, mit Voß; die Korrespondenz wird von den Frauen aufrechterhalten. Auch die Verbindung mit Merck überlebt den Abschied von Darmstadt nicht lange. Neue Bekanntschaften werden nur noch selten zu Freundschaften, man stellt ein gewisses Interesse fest, mehr oder weniger Übereinstimmung in diesem oder jenem, und damit hat es sein Bewenden. So geht es mit Sophie von La Roche, der Jugendgeliebten Wielands, der Verfasserin des 1771 erschienenen Briefromans «Geschichte des Fräuleins von Sternheim», kurmainzischer bzw. kurtrierischer Geheimratsgattin und Großmutter von Clemens und Bettina Brentano.

Nur zweimal noch hat Claudius – sieht man von den gelegentlichen Badereisen mit Rebecca nach Bad Pyrmont ab – sein Dorf für längere Zeit verlassen. Einmal zur Reise nach Schlesien und Weimar 1784, und ein letztes Mal, als alter Mann von 73 Jahren, auf der Flucht vor dem Kriege, 1813/14. Mit dem Besuch auf Gut Krappitz bei Oppeln folgte Matthias einer Einladung des Grafen Christian Haugwitz, den er seit der Berliner Reise 1775 kannte, mit dem ihn freimaurerische Ideale der Toleranz und Menschenliebe, mystische Glaubensinnigkeit und, nicht zuletzt, die Zusammenarbeit an der Übersetzung des Buches «Des erreurs et de la vérité» von Louis Claude de Saint Martin verbanden.[86] Haugwitz, ein reicher schlesischer Aristokrat, befreundet mit den Brüdern Stolberg, oft Gast des älteren, Christian, in Holstein und dann auch in Wandsbeck einkehrend, hatte die Faszination, die von dem Mystiker ausging, mit Claudius geteilt. Wie sorgfältig sie an der Übertragung im Winter 1781/82 feilten, macht ein Brief deutlich: *Viel Gottes Gnade und Segen zum Neuen Jahre. Hier wieder 2 Kapitel, ich schenke sie Dir zum Neujahr, Du Lieber, weil sie so gar christlich sind. Eine Stelle p. 436 im Mcpt und im französischen Original p. 277 oben, hab ich nicht verstanden, ich mag das ceux auf leibliche oder geistliche Eltern, und das interêt deuten, wie ich will, so bringe ich keinen rechten Sinn heraus. Wollest die Stelle ansehen und sie expressiv und gut machen ... Ich hatte crime die meiste Zeit am liebsten durch Sünde übersetzt. Habe es aber nur ein paar Mal getan, weil ich glaube nach des Verfassers Sinn zu tun, wenn Ausdrücke aus der Bibel vermieden werden, und wo Dir dergleichen beim Durchlesen aufstoßen, so milder sie, wenn Du meinst. Der Sinn des Verfassers wird mir alle Tage heiliger ...*[87]

Rebecca. Silhouette

Das Wohnhaus der Familie Claudius in Wandsbeck

In demselben Schreiben berichtet Claudius auch, daß es ihm gelungen sei, ein neues Haus zu kaufen. Es *hat, welches eigentlich die Hauptsache ist, einen Platz hinter sich, wo ich eine Kuh weiden kann, ist auch so geräumig, daß Frau Trinette* (Haugwitz' Frau) *bequem ihre zwei Wochen darin halten kann. O komm wieder her, Lieber, wir wollen der Frau Trinette ein warmes weiches Wochenbette machen. Willst Du nicht kommen, nun so kann es nicht lange mehr währen, so komme ich zu Dir. Gott sei mit Dir, Du Herzlieber.*[88] Diese Ankündigung erfüllte sich nun im September 1784. Von Krappitz aus wurde der Verleger Löwe, bei dem schon die früheren Übersetzungen von Claudius erschienen waren, in Breslau und Freiherr Gustav von Schlabrendorff in Hirschberg besucht, dessen durch

Haugwitz vermittelte geldliche Unterstützung den Ankauf des neuen Hauses an der Lübschen Chaussee ermöglicht hatte.

Da Herder und Jacobi unbedingt auf einen Besuch drängten, unterbrach Claudius die Rückreise vom 25. bis 29. September in Weimar; er wohnte bei Herders. Eine Begegnung mit Goethe kam zustande, dieser besuchte am 27. mit dem Wandsbecker Gast und Jacobi zusammen Knebel, den «Urfreund», in Jena. Die nun nach mehr als einem Jahrzehnt loser Berührung zustande gekommene persönliche Bekanntschaft muß im Lichte ihrer Vorgeschichte gesehen werden. Nach dem «Götz» hatte Claudius 1774 auch «Die Leiden des jungen Werthers» im «Wandsbecker Boten» besprochen, wohlwollend, angerührt von der künstlerischen Ausdruckskraft des Werkes, aber in ihrer hausbackenen «Moral von der Geschichte», die natürlich immer «stimmt», doch ohne tieferes Verständnis für die geniale Gestaltung einer menschlichen Ausnahmesituation, die gerade darin beruht, daß in der Seele die Schranken zwischen der Claudiusschen Welt des Maßes und der Moral und der Welt der Dämonen niederbrechen.[89] Als nun ein Jahr später Nicolais geschmacklose Parodie «Freuden des jungen Werthers. Leiden und Freuden Werthers des Mannes» erschien, meinte Claudius, es sei *'n feines Büchel* mit *viel Bonsens ... darin Werther durch süß und sauer von seinem Rausch nüchtern gemacht wird und den löblichen Entschluß faßt, sich nicht wieder zu berauschen, sondern mit der gesetzteren Freude eines nüchternen Menschen vorlieb zu nehmen*[90]. Goethe, den

Weimar: Herders Amtswohnung bei der Stadtkirche

das Nicolaische Produkt tief verletzt hatte, nahm es jedermann übel, der hier nicht Farbe bekannte oder gar der Parodie Beifall zollte. Damit nicht genug: als im gleichen Jahr 1775 die derbe Posse «Prometheus, Deukalion und seine Rezensenten» herauskam, eine ziemlich drastische «Abrechnung» mit allen, die den «Werther» verrissen oder nicht gebührend gewürdigt hatten, wobei auch *Asmus* sein Teil abbekam, wehrte sich dieser. Wie jedermann hielt auch er Goethe für den Verfasser. Er schrieb: *Der Hr. Verf. geht in diesem Drama mit allem Anstande und allem Groß- und Übermut zu Werk, die einem Genie zustehen, und hat sich, wenn's einer noch nicht verstehen sollte, an einigen Stellen zum Überfluß ganz deutlich ausgedrückt... Zuletzt tritt der Herr Prometheus in Pontificalibus auf und hält einen Epilogus: «Sagt mer, was tät wohl kumme herus, / Zögt Ihr d'Jack und d'Hosen mir us. / Würd beim Teufel schön do stahn, / Mehnt ihr denn i hätt sie umsunst an? / Wenn i wollt nackend sin, / Steckt i min Ärsch nit selbst ninn.» Alles recht gut, aber mit der Entschuldigung könnte sich ein jeder Schulknabe freilügen. Nicht doch, lieber Herr Doktor! die Hose muß bei gewissen Gelegenheiten herunter, ob sie gleich angezogen war, den Ärsch zu bedecken.*[91] Ein gewiß zeitloser Diskurs zwischen Dichter und Rezensent. Als sich herausgestellt hatte, wer der wirkliche Verfasser des «Prometheus» war — nämlich Heinrich Leopold Wagner (1747–79), so etwas wie ein «Mitläufer» der Sturm- und Drang-Bewegung —, rückte Claudius eine *Zwote Anzeige* in seiner Zeitung ein, die ein verklausuliertes Bekenntnis zu Goethe enthielt: *Ein gewisser Rezensent war der Meinung, daß nur einer sei, der den Prometheus geschrieben haben könnte, und weil er diesen einen, für sich auf dem Kämmerlein, zu der Klasse von Leuten rechnete, die ihn näher angehen, so ward ihm bei der Lesung des Prometheus zumut wie ihm immer zumut wird, wenn er jemand aus der Klasse verliert...* Gleichzeitig jedoch bekräftigte Claudius auch noch einmal seine erste «Werther»-Kritik und *wie er nicht geneigt sei, die Eitelkeit eines Freundes zu hofieren, aber doch wenn er sich in der ersten Anzeige geirrt hatte, eine zwote zu machen*[92].

Die Noblesse half nicht viel. Goethe blieb verstimmt: «Er soll auf Claudius sehr übel zu sprechen sein; ich hab' aber schon vieles ins Reine gebracht...» berichtete Miller an Freund Voß.[93] Das lag nun schon neun Jahre zurück, in denen es zwischen den beiden Männern nichts gegeben hatte, was den Namen «Beziehung» verdient. Und so meldete Goethe die Ankunft des «Boten» seiner Freundin Charlotte von Stein, wie man eine exotische Sehenswürdigkeit vermerkt: «Claudius le fameux Wandsbecker Bote arrivera aujourd'hui, nous verrons donc aussi ce personnage singulier ce qui nous interessera beaucoup, mais nous le verrons sans toi ce qui diminuera beaucoup notre plaisir.»[94] «Wir», das sind der Schreiber und Jacobi, der seit dem 18. September im Haus am Frauenplan zu Gast war und am selben Tage wie Claudius, am 29. September, aus Weimar abreiste.[95]

Daß die kühl-distanzierte Einstellung Goethes zu Claudius bestehen blieb, kann nicht verwundern: seiner ganzen Natur und Entwicklung nach mußte er gegen die kindhafte Glaubensgewißheit, gegen die im tiefsten Wortsinne «naive» Verhaltens-, Denk- und Äußerungsweise des *Asmus* unüberwindbare Vorbehalte machen. Als dann, wieder mehr als zehn Jahre später, Goethe und Schiller im Musenalmanach von 1797 ihre «Xe-

Goethe. Kreidezeichnung von Johann Heinrich Lips

nien» – Freundschaftskulmination in Form einer Aggressionsexplosion! – veröffentlichen, bekam auch Claudius seine Ladung. Das Xenion 18 stammte von Schiller und lautete:

Erreurs et Vérité
Irrtum wolltest du bringen und Wahrheit, o Bote, von Wandsbeck,
    Wahrheit, sie war dir zu schwer; Irrtum, den brachtest du fort![96]

Erstaunlicher als dieser matte Pfeil mutet des «Boten» überschießende Reaktion an. Er antwortete mit zahlreichen «Antixenien»[97], darunter

Das Distichon
Im Hexameter zieht der ästhetische Dudelsack Wind ein;
    Im Pentameter drauf läßt er ihn wieder heraus.[98]

Schiller. Gemälde von Anton Graff, 1786

Und die Retour-Hiebe gegen Schiller:

Der berühmte Almanach
Fallen ist der Sterblichen Los. So fällt hier der Schiller,
Wie der Meister; doch stürzt dieser gefährlich hin.[99]

Und gegen Goethe:

Der Schriftsteller und der Mensch
Er schrieb. Sie beteten den jungen Schreiber an –
Und es war um den Menschen getan!
O, hättest Du den Götzen nicht geschrieben;
So wären Deine Götter in Dir geblieben.[100]

Die «Erstxenisten» zeigten sich von der Erwiderung nicht sonderlich beeindruckt; die Reaktionen der Angeschossenen waren von vornherein einberechnet und steigerten das Wohlbehagen der Schützen. Auch solches gehört zum menschlichen Aspekt der «Olympier». Immerhin war das Kapitel Weimar nunmehr für Claudius abgeschlossen – und im Grunde ja schon seit über einem Jahrzehnt. Denn gerade jenes Dezennium vom Ausgang der achtziger zum Ende der neunziger Jahre ist es gewesen, in dem sich die geistigen Lager immer mehr zu scheiden begannen. Wenn auch vergröbert, darf man doch sagen, daß der Graben sich zwischen Goethe, Schiller, Wilhelm von Humboldt als den Vertretern eines heidnisch-pantheistischen, gräzistischen Klassizismus einerseits und Jacobi, Hamann, dem münsteranischen Kreis um die Fürstin Gallitzin und eben auch Claudius als den Bekennern eines individuellen christlichen Offenbarungsglaubens andererseits auftat und ständig vertiefte. Diese sich zum Jahrhundertende hin unaufhörlich verschärfende Alternative: kirchlich-traditionelles Christentum – ja oder nein, löste alte Freundschaften und stiftete neue. So trat Entfremdung mit Voß, Boie, Herder ein; dafür wurde der Bund mit Jacobi und Friedrich Leopold zu Stolberg enger, mit der Fürstin Gallitzin (1748–1806) neu geschlossen.[101] Diese, die Tochter eines preußischen Feldmarschalls, sah auf eine bewegte Vergangenheit zurück: in einem Breslauer Ursulinenkloster aufgewachsen, war sie, als halbes Kind noch, nach Berlin zurückgekehrt, auf das Amt einer Hofdame vorbereitet und 1765 verlobt worden. Nach Lösung der Verlobung hatte sie in Begleitung einer preußischen Prinzessin in Aachen den russischen Fürsten Dmitrij Alekseevič Gallitzin (eigentlich Golicyn; 1738–1803) kennengelernt und ihn 1768 geheiratet; der Gatte war Botschafter in Den Haag geworden, und hier hatte ihn die Fürstin, die inzwischen zwei Kinder geboren hatte, verlassen, des Hoflebens müde und von der Idee besessen, sich ausschließlich der Erziehung ihrer Kinder widmen zu müssen. Durch den holländischen Philosophen Frans Hemsterhuis (1721–90) – einen viel zu wenig bekannten großen Anreger, der mit seinem pantheistisch-neuplatonischen Denken Herder, Jacobi, Hölderlin und Novalis beeinflußte – war sie mit Franz Egon Freiherr von Fürstenberg (1729–1810), regierendem Minister im Hochstift Münster, dem bedeutenden Reformer des Schulwesens (zusammen mit Bernhard Heinrich Overberg) und Gründer der Universität zu Münster, bekannt geworden. Es entwickelte sich daraus ein sehr eigenartiges, zwischen sublimierten Liebesempfindungen und halb religiöser, halb erotischer Seelenfreundschaft schillerndes Verhältnis, das die Grundlage des «Kreises von Münster» bildete. Seit Sommer 1779 lebte sie in Angelmodde, einem kleinen Dorf bei Münster. Der Einfluß Overbergs hatte die Rückkehr zur katholischen Kirche bewirkt; 1785 war sie in Weimar bei Goethe, 1792 war dieser, von der Campagne in Frankreich heimkehrend, in Münster bei ihr zu Gast gewesen.

Der unermüdliche Jacobi, der die Fäden knüpfte, hatte die Verbindung zwischen der Fürstin und Hamann und auch zwischen ihr und Claudius zustande gebracht. Der gemeinsame, wenn auch im einzelnen recht verschiedene christliche Glaube gab für alle diese Bekanntschaften die gemeinsame Basis ab. Die Fürstin schickt Bücher von und über Augustinus, Tersteegen, Katharina von Siena; Claudius empfiehlt dafür Johannes vom Kreuz, Angelus Silesius, Theologia mystica und setzt hinzu: *Man hat freilich, wie der selige Hamann* sagt, an einem Scheffel Linsen genug, durch ein Nadelöhr zu werfen, doch hat es sein Gutes, vorausgesetzt, daß die autores probat sind, zu sehen, wie ein und dieselbe Sache in mehreren eins und verschieden ist, und man kann sich in sich selbst besser finden, auch die Linse wählen, die unserm Finger am besten conveniert ... Ich lege*

---

* Hamann war 1788 in Münster gestorben.

Die Fürstin Amalia von Gallitzin mit ihren Freunden in Angelmodde bei Münster. Gemälde von Theobald von Oer

Ihnen dagegen einige Lieder von Taulerus [Tauler] bei, zum Behalten und Abschreiben, wie Sie wollen. Sie stehen in einer uralten Ausgabe seiner Werke und können wenigstens den Satz des Opitz rechtfertigen, daß die Poesie anfänglich ein Unterricht von göttlichen Dingen gewesen sei ... Wir grüßen Sie von ganzem Herzen und hätten gern wieder einige Tage Verkehr mit Ihnen. Auch sollte der Verkehr eigentlich in dieser Welt getrieben werden, denn in der andern haben wir wohl sonst zu tun und keine Zeit dazu? Die Lerchen im Käfig und mit gebundenen Flügeln leben und weben nachbarlich untereinander, aber wenn der Käfig zerbrochen und die Flügel losgebunden werden, zieht eine jede eine andere Straße und wartet ihren Gesang ab.[102] Claudius, jetzt ein Mann über fünfzig, wartet zwar sehr bewußt auf diese letzte Befreiung, aber er genießt auch, allmählich zum Patriarchen und als «der Wandsbecker Bote» zu einer Art von poetischem Hausvater der Deutschen werdend, das Leben. Besuche reißen nie ab: 1793 Fürstin Gallitzin, dann Lavater, der sich auf der Reise nach Kopenhagen befindet; 1794/95 wird Jacobi für ein ganzes Jahr sein

Wandsbecker Nachbar; am 2. Juli 1796 spricht Wilhelm von Humboldt vor; am 15. März 1797, bei der Silberhochzeit, begrüßt man den dreiundsiebzigjährigen Klopstock als Ehrengast.

Die Familie war immer weiter gewachsen: zwölfmal hatte Rebecca geboren, auch der Wunsch nach Söhnen hatte sich erfüllt: 1783, 1786, 1789, 1792 und 1794 kamen Jungens zur Welt. Neun Kinder blieben am Leben. Auf das tiefste getroffen wurden die Eltern durch den Tod des kleinen zweijährigen Matthias (1788) und der einundzwanzigjährigen Tochter Christiane (1796). Ergreifend des Vaters fast tonlose Traurigkeit:

Christiane

Es stand ein Sternlein am Himmel
Ein Sternlein guter Art;
Das tät so lieblich scheinen,
So lieblich und so zart!

Ich wußte seine Stelle
Am Himmel, wo es stand;
Trat abends vor die Schwelle
Und suchte, bis ich's fand;

Und blieb denn lange stehen,
Hatt' große Freud' in mir,
Das Sternlein anzusehen;
Und dankte Gott dafür.

Das Sternlein ist verschwunden;
Ich suche hin und her,
Wo ich es sonst gefunden,
Und find' es nun nicht mehr.[103]

Die materiellen Nöte der ersten Lebensjahrzehnte waren endlich gewichen, wenn auch das Leben des «Boten» weit entfernt blieb von Wohlstand oder gar Üppigkeit. Aber seit 1785 bezog Claudius eine Jahrespension des dänischen Kronprinzen Friedrich (ab 1808 Friedrich VI.), und 1788 wurde er durch dessen Fürsprache zum Revisor der Altonaer Species-Bank ernannt. *Durchlauchtigster Gnädiger Prinz,* so hatte Claudius an ihn geschrieben, *ich habe mich bisher* (von) *meiner Hände Arbeit genährt und mich nicht übel dabei befunden; aber acht Kinder, die doch halbwege erzogen und unterrichtet sein sollen, fangen an, mir meine Zeit zu nehmen und mir meine itzige Lebensart etwas beschwerlich zu machen ... Ich wünschte irgendeine Stelle in des Königs Lande und, wenn es sein könnte, im lieben Holstein. Gnädiger Prinz, ich bitte nicht um eine sehr einträgliche Stelle, sondern nur um eine, die mich nährt, und um so eine bitte ich mit aller Unbefangenheit eines Mannes, der willens ist, das Brot, das ihm der König gibt, zu verdienen. Wenn es mir auch erlaubt sein würde, so wüßte ich nicht zu sagen, wozu ich eigentlich geschickt bin, und ich muß*

Ew. Königl. Hoheit untertänig bitten, daß Sie gnädigst geruhen, ein Machtwort zu sprechen und zu befehlen, wozu ich geschickt sein soll.[104] Daß der Kronprinz auf das possierliche Bittgesuch des Schriftstellers so großzügig reagierte, spricht für ihn. Die neue Stellung, deren Auflage darin bestand, einmal im Jahr für einige Tage in Altona die Bankrevision durchzuführen, brachte 800 Taler und sicherte Claudius damit vor Not. Seinen Dank stattete er dadurch ab, daß er in der halb ernsten, halb drolligen Form der *Politischen Korrespondenz zwischen dem Küster Ahrendt und dem Verwalter Olufsen, insonderheit die Kriegssteuer betreffend* für die neue, außerordentlich unpopuläre Vermögenssteuer eintrat.[105] In zehn Briefen sprechen sich da der treuherzige Küster und der skeptische Verwalter über den Lauf der Welt, des Staates, der Politik aus, bewußt in der Manier der «Klein-Leute-Weisheit»: *Mag es Unglück, Krankheit oder was Er sonst will, sein,* meint der Verwalter, *daß wir Krieg haben und dazu steuren müssen, so ist es doch immer fatal, in einem Lande zu leben, wo einem solch Unglück über den Hals kommt und man ohne dem genug gedrückt und geplagt ist. In andern Ländern ist es gewiß nicht so. Wäre ich nicht ein alter Knabe, der hier ziemlich festsitzt, so suchte ich morgenden Tages anderswo unterzukommen, wo der Staat nicht so oft krank würde. Ich kann mich nun einmal nicht so über alles beruhigen wie Er, wenn ich auch gern wollte.* Und der Küster antwortet darauf: *Daß wir nicht in einem Paradiese leben, kann wohl sein, aber der Herr Verwalter kann auch sicherlich glauben, daß, wenn er ganz Europa, von Lissabon bis an die sibirische Grenze und von Wardehuus bis an die Stiefelspitze von Italien durchwanderte, es ihm nirgend reüssieren werde, ein Paradies zu finden. Alles in der Welt ist unvollkommen... Jeder Staat hat seine Unannehmlichkeiten und seine Annehmlichkeiten, und erst, wenn man diese in mehreren Staaten gegeneinander abgewogen hat, kann man beurteilen, inwieweit ein Staat glücklicher sei als ein anderer... Es kommt mir so vor, als wenn viele Leute glauben, daß es Patriotismus sei, sich gegen alles zu setzen, was die Regierung tut, und ihr niemals Recht zu geben. Aber wahrlich, die irren sich. Patriotismus ist gerade das Arbeiten zu einem gemeinschaftlichem Zweck...*[106] Nun, das stimmt zwar, aber wir haben es hier doch mit einem Claudius als Sprecher der Regierungspropaganda zu tun, und das ist eine Rolle, die dem *Wandsbecker Bothen* nicht steht.

Der 1803 erscheinende siebte Teil des *Asmus* sollte der Abschied sein; im Vorwort dazu bekannte sich Claudius noch einmal zur Verkündigung des Christusglaubens als zu seiner Hauptaufgabe, denn: *... der Mensch lebt nicht vom Brot allein, das die Gelehrten einbrocken, sondern ihn hungert noch nach etwas andern und bessern, nach einem Wort, das durch den Mund Gottes gehet. Und dieses Andere und Bessere, dies Wort, das uns auf der Zunge schwebt und wir alle suchen, ein jeder auf seine Art, finde ich zu meiner großen Freude im Christentum, wie es die Apostel und unsere Väter gelehrt haben.*[107] Trotz dieses Lebewohls erschien 1812 noch ein achter Teil als «Zugabe» zu den *Sämmtlichen Werken*. Neben theologischen Erörterungen und den Vorreden zum 2. und 3. Band seiner Fénelon-Übersetzung enthält es das berühmte *Osterlied*:

*Friedrich VI.,
König von Dänemark
und Norwegen*

> *Das Grab ist leer, das Grab ist leer!*
> *Erstanden ist der Held!*
> *Das Leben ist des Todes Herr,*
> *Gerettet ist die Welt!*
> *Gerettet ist die Welt!*

Der alte Claudius hat noch den großen europäischen und deutschen Geistesumschwung hin zur Romantik erlebt und dessen Auswirkung auf sich selbst, auf Wertschätzung, Wirkung und Ansehen bei der Romantiker-Generation erfahren. In dem Maße, wie sich die, mit denen er jung gewesen, von ihm entfernten, näherten sich ihm die, die nun selber jung waren. Für sie – etwa einen Philipp Otto Runge (1777–1810), den theoretisch grundlegenden Maler der Romantik, seine Freunde Carstens und Overbeck, für den Philosophen Friedrich Schlegel (1772–1829), eine Schlüsselfigur der deutschen romantischen Bewegung, für den universal gelehrten Franz Xaver von Baader (1765–1841), den Arzt, Bergmann, Philosophen, Theologen, um nur sie aus der größeren Zahl zu nennen – für sie alle gewann *Asmus* nun den legendären Glanz dessen, der in den Jahrzehnten der Revolution, des Rationalismus, des Atheismus Tradition, Christenglauben, Altvätersitte unerschütterlich bewahrt und verkündet hatte.

Im Sommer 1813 floh der Dreiundsiebzigjährige mit Rebecca vor dem herannahenden Krieg. Es war eine Kurzschlußhandlung, denn so wie Sohn Fritz und Tochter Trinette in Wandsbeck aushielten, ohne daß ihnen etwas geschah, hätten auch die Alten aushalten können. Statt dessen irrten sie fast ein Jahr lang völlig mittellos, da das Revisorgehalt wegen der Kriegswirren nicht ausgezahlt wurde, bei Verwandten und Bekannten im Holsteinischen umher. Als Claudius im Frühsommer 1814 sein geliebtes Wandsbeck wiedersieht, ist er im Grunde schon weit weg von der Welt: Die Zerstörung des Gewachsenen wiegt ihm schwerer als die des Gemachten: *Die zerstörten Gebäude um Hamburg können in einigen Jahren wieder aufgebaut werden, aber die Spuren an Bäumen und Gärten, die verwüstet sind, können in 20 Jahren nicht verwachsen. Der Krieg ist eine schreckliche Sache, wenn er auch so endigt wie dieser. Dein Reich komme!*[108]

Seine Kräfte sind erschöpft. Er kränkelt den Winter über und begibt sich nach Hamburg in das Haus seines Schwiegersohns Perthes, um sich in der Großstadt behandeln zu lassen. Dort stirbt er am 21. Januar 1815. Zu Weihnachten hatte er seiner Tochter Auguste in ihre Bibel geschrieben: *Es ist in keinem andern Heil, ist auch kein andrer Name gegeben, darin wir sollen selig werden, als in dem Namen Jesu Christi. – Halte Du fest an ihm in Freude und Leid und es kann Dir nicht fehlen. Ich gehe natürlich voran und erwarte Dich, liebe Augusta, wenn Deine Stunde geschlagen hat, und will, wenn ich kann, Dir entgegenkommen. Dein treuer Vater Matthias Claudius.*[109]

JOURNALIST UND DICHTER

In seinem ersten Roman «Ahnung und Gegenwart» läßt Eichendorff den jungen Grafen Friedrich davon berichten, wie man ihm als Kind die geliebten Sagen- und Märchenbücher fortnahm, um sie durch Campes Kinderbibliothek zu ersetzen: «Da erfuhr ich denn, wie man Bohnen steckt, sich selber Regenschirme macht, wenn man etwa einmal, wie Robinson, auf eine wüste Insel verschlagen werden sollte, nebstbei mehrere zuckerbackene, edle Handlungen, einige Elternliebe und kindliche Liebe in Scharaden. Mitten aus dieser pädagogischen Fabrik schlugen mir einige kleine Lieder von Matthias Claudius rührend und lockend ans Herz. Sie sahen mich in meiner prosaischen Niedergeschlagenheit mit schlichten, ernsten, treuen Augen an, als wollten sie freundlich-tröstend sagen: ‹Lasset die Kleinen zu mir kommen!› Diese Blumen machten mir den farb- und geruchlosen, zur Menschheitssaat umgepflügten Boden, in welchen sie seltsam genug verpflanzt waren, einigermaßen heimatlich.»[110]

Diese bemerkenswerte Stelle enthält eine nahezu vollkommene Würdigung des Dichters Claudius. Der trocken-belehrenden, professionellen Pädagogik rückt Eichendorff die gleichsam absichtslose, unbewußte Erziehungsmacht gegenüber, die aus schlichter Liebe zum konkreten Einzelmenschen, zur konkreten Situation – n i c h t aus dem «farb- und geruchlosen, zur Menschheitssaat umgepflügten Boden»! – hervorgeht und deshalb glaubwürdig und wirksam ist. Claudius kennt in der Tat kein «Men-

Friedrich Christoph Perthes. Lithographie nach einer Zeichnung von Otto Speckter

schenmaterial», das in irgendeiner Hinsicht «gleich» ist; mit seinen Worten:

> *Wir Vögel singen nicht egal;*
> *Der singet laut, der andre leise,*
> *Kauz nicht wie ich, ich nicht wie Nachtigall,*
> *Ein jeder hat so seine Weise.*[111]

Dieser angeborene Respekt vor der Vielfalt der Welt war die Wurzel seiner Toleranz, die, von Gleichgültigkeit durchaus verschieden, sich als der Cantus firmus seines menschlichen Verhaltens bewährte. Er war gänzlich unverkrampft. Er ruhte in sich, weil er in einer festen Weltordnung ruhte, die wiederum in Gottes Hand ruhte. Diese Ordnung war identisch mit «Natur». Deshalb umfaßte Natur für ihn a l l e s: Menschenliebe in ihren Spielarten als Gatten-, Eltern-, Freundesliebe; die Schönheit der Erde, der Natur im engeren Sinne; die Lust der Welt mit Geburt, Blühen, Freiheit; und das Leid der Welt mit Krankheit, Not und Tod.

Was der Mensch ist, was in der farbig aufgefächerten Vielfalt der Individuen doch auch wieder die zeitlos-gleiche Einheit ausmacht, hat er gewußt und so ausgesprochen:

> *Empfangen und genähret*
> *Vom Weibe wunderbar*
> *Kömmt er und sieht und höret*
> *Und nimmt des Trugs nicht wahr;*
> *Gelüstet und begehret,*
> *Und bringt sein Tränlein dar;*
> *Verachtet und verehret,*
> *Hat Freude und Gefahr;*
> *Glaubt, zweifelt, wähnt und lehret,*
> *Hält nichts und alles wahr;*
> *Erbauet und zerstöret;*
> *Und quält sich immerdar;*
> *Schläft, wachet, wächst und zehret;*
> *Trägt braun und graues Haar etc.*
> *Und alles dieses währet,*
> *Wenn's hoch kommt, achtzig Jahr.*
> *Denn legt er sich zu seinen Vätern nieder,*
> *Und er kömmt nimmer wieder.*[112]

Das ist die Sprache des Psalmisten und doch zugleich die des einfachen Mannes; formal vollendet, fehlt dennoch alle Prätention; das «etc.» hinter der 14. Verszeile ist Claudius wie er leibt und lebt; er «dichtet» nicht – er richtet aus, ein Bote. Das Gedicht heißt *Der Mensch* – und es läßt sich nichts entdecken, was da vergessen worden wäre. Es steht im vierten Teil der *Sämmtlichen Werke* des *Asmus*. Der kennt zwar das Los des Menschen im allgemeinen und im letzten, aber das macht ihn niemals stumpf gegen all das Besondere, das vor diesem Letzten liegt, sei es groß oder klein, heiße es Krieg, Tod oder – erster Zahn.

> *Victoria! Victoria!*
> *Der kleine weiße Zahn ist da.*
> *Du Mutter! komm, und groß und klein*
> *Im Hause! kommt, und kuckt hinein*
> *Und seht den hellen weißen Schein.*
> *Der Zahn soll Alexander heißen.*
> *Du liebes Kind! Gott halt' ihn Dir gesund,*
> *Und geb' Dir Zähne mehr in Deinen kleinen Mund,*
> *Und immer was dafür zu beißen!*[113]

Das ist Claudiusscher Humor. *Asmus* meldet seine Botschaft einmal als Gedicht, einmal als gereimten Scherz, ein andermal als Brief an Andres oder als erdachten Dialog oder als Rezension, dann wieder als ernste Abhandlung oder als Hausvatermahnung an die Kinder. Nie aber gibt er sich als Mensch anders denn als Schriftsteller: *Ich mag auch von keiner Distinktion zwischen Schriftstellern und Menschen Proben ablegen, und meine Schriftstellerei ist Realität bei mir oder sollt' es wenigstens sein, sonst holt's der Teufel.*[114] Sie war Realität. Er hat lange als Journalist gearbeitet, aber er ist nie ein Literat gewesen: immer identifizierte er sich mit dem, was er schrieb. Das brachte ihm dann manchmal Ärger oder Blessu-

ren ein, wenn er sich in Kämpfe einließ, die über seine Kräfte gingen. So etwa, wenn er unermüdlich wider die Ideen der Aufklärung und der Französischen Revolution stritt. Was er von der letzteren hielt und wie er sich selbst Staat und Gesellschaft vorstellte, versuchte Claudius unter anderem in seinem Aufsatz *Auch ein Beitrag über die Neue Politik* darzulegen, der 1794 als Einzeldruck erschien und dann in Teil VI des *Asmus* (1798) aufgenommen wurde. Zunächst charakterisiert Claudius das *neue System* als ein System oder Gleichmacherei und setzt es dem *alten System* einer differenzierten, gestuften Ordnung entgegen. Er ist, nach den Erfahrungen zwischen 1789 und 1794, davon überzeugt, daß von dem neuen Frankreich *nur Unordnung und Unglück und kein Heil komme; und daß das alte System, mit allen seinen Gebrechen, das einzige sei, das die Menschen bürgerlich zusammenhalten und glücklich machen kann*[115]. Hier teilt der Wandsbecker durchaus die Einstellung vieler seiner Zeitgenossen, die sich von der anfangs als Befreiungstat begrüßten Revolution früher oder später entsetzt abwandten, darunter fast alle Romantiker wie Friedrich Schlegel oder Novalis oder Görres, aber auch ein Klopstock, Herder, von Goethe gar nicht zu reden. Claudius sah nur die Greuel: Hinrichtungen, Septembermorde, Enteignungen, Priesterverfolgung, Unsicherheit und Willkür im

Innern, Kriege nach außen, aber er verstand nichts von den tieferen Ursachen der Revolution und begriff nichts von ihrem Sinn innerhalb der Geschichte. Am Ende gibt es für ihn zwei Sorten von Bürgern, die braven Untertanen, die er so beschreibt: *Ein Mensch, der seine Rechte hingibt und Gott und seinem König vertraut, ist in sich ein lieber Mensch; wenn er nicht schon gut ist, so bessert ihn die Liebe; und mit ihm ist leicht fortkommen. Diesem Menschen ist innerlich wohl, und so ist er nicht geneigt, äußerlich weh zu machen. Er ist gehorsam, willfährig, bescheiden etc. und prätendiert immer weniger als er kann.* Und die bitterbösen Querulanten und Empörer: *Was aber soll man, Ausnahmen verstehen sich von selbst, von einem Menschen erwarten, der kein Vertrauen hat; der alles selbst sehen und betasten will und immer über seine Rechte brütet? Wenn der nicht auf sehr festen Füßen steht, so stößt ihn die neue Einsicht um; und unbesehens ist er kein guter Nachbar. Er führt natürlich immer die Liste seiner Rechte bei sich, ist ungestüm, mißtrauisch, prätendiert immer nicht weniger als er kann und weiß alles besser. — Und nun ein ganzer Staat von solchen Rechtsgelehrten!*[116] Sicher fehlt auch hier das berühmte Körnchen Wahrheit nicht, aber im ganzen bleibt, was der «Bote» zu sagen weiß, etwa über die Deklaration der «Menschenrechte», ganz und gar an der Oberfläche: sozialer und politischer Immobilismus. Persönlich durchaus ehrenwert, da Ausdruck einer bestimmten Glaubenshaltung. Ein Mensch, der sich für nur kurze Frist auf der Wanderung durch die Schlucht des Erdenlebens weiß, wird keine Barrikaden stürmen oder verteidigen, sich nicht die Hände blutig machen und sich nichts von «Umwälzungen» erhoffen. In dem Abschnitt *Nähere Untersuchung des Neuen Systems* sagt Claudius: *Angenommen, daß das Neue System oder ein Vernunftregiment wirklich in der Welt auch möglich wäre, so würde man es doch keine Regierung nennen können, sondern allenfalls eine Gesellschaft der praktischen Politik, eine Staatsbürgerakademie etc. In dem Wort Regierung liegt uns die Idee von einer Kraft, die von der Untersuchung des Rechts verschieden ist; die einen festen unerschütterlichen Gang hat und unwiderstehlich zum Ziel schreitet. Diese Kraft geht durch alle Teile der Staatsverfassung. Sie ist wie das Herz im menschlichen Körper; und muß ungehemmt und unangetastet bleiben, solange das Leben des Körpers dauern soll...*[117] Und er setzt hinzu: *Es muß denn eine unwiderstehliche Kraft in einer Regierung sein, und ohne die kann kein Gehorsam und kein Staat gedacht werden; wie ohne einen festen unbeweglichen Punkt wohl eine in parabolischen und Schneckengängen wild durcheinanderlaufende Figur, aber kein regulärer Zirkel gemacht werden kann.*[118] Ganz ähnliche Gedanken und Formulierungen finden sich später in den Schriften der politischen Romantik: bei Novalis, Adam Müller, Friedrich Schlegel. Sobald Claudius vom politisch-technischen Detail, für das er keinen Sensus besitzt, fort- und zu allgemeinmenschlichen Erkenntnissen übergehen kann, gelingen treffende Bilder: *Es ist zwischen den Begriffen und dem Wollen im Menschen eine große Kluft befestigt. Das Rad des Wissens und das Rad des Willens, ob sie wohl nicht ohne Verbindung sind, fassen nicht ineinander. Sie werden von verschiedenen Elementen umgetrieben und sind etwa wie eine Wind- und Wassermühle.*[119] Das Bekenntnis zur patriarchalischen Ordnung als der göttlich abbildhaften und deshalb auch göttlich institu-

ierten Ordnung bedeutet keinen Freibrief für ihre Verwalter; diese sind bestellte Gottesknechte, und wehe ihnen, wenn sie ungetreue Knechte sind: *Betrogene Liebe ist wie Menschenblut; sie schreiet aufwärts um Rache. Nein! Recht muß Recht sein und Recht bleiben. Ich streite nicht wider, sondern für das Volk – und wo den Kleinen Unrecht und Gewalt geschehen soll, da begehre ich nicht zu heißen der Sohn der Tochter Pharao und will viel lieber Ungemach leiden mit meinen Brüdern.*[120]

Im Jahre 1797 zielte Claudius noch einmal in dieselbe Kerbe, als er in *Urians Nachricht von der Neuen Aufklärung oder Urian und die Dänen* sozusagen ein gereimtes Fazit seines Aufsatzes *Über die Neue Politik* gab[121]; im Wechselgesang – man denkt unwillkürlich an ein Singspiel-Libretto – zwischen Urian und dem Chor der lauschenden Dänen soll das «Neue System» der Lächerlichkeit preisgegeben und die biedere Anhänglichkeit der Dänen an das alte System gezeigt werden. Wir haben es mit einer frühen Form von politischem Bänkelsang zu tun. Claudius ist dabei nicht zimperlich, er fühlt sich als Kämpfer, der Hiebe austeilt:

> *Man nannte Freiheit bei den Alten,*
> *Wo Kopf und Kragen sicher war*

> *Wo Ordnung und Gesetze galten*
> *Und niemand krümmete kein Haar.*
> *Doch nun ist frei, wo jedermann*
> *Radschlagen und rumoren kann!*

In der gleichen Art werden die nach seiner Überzeugung pervertierten Auffassungen von Menschenrechten, Vernunft, Religion, Monarchie gegeißelt. Der Dänen-Chorus versichert zum Schluß:

> *Uns ist und bleibt das Szepter viel!*
> *Euch lassen wir den — andern Stiel.*
> *Wir fürchten Gott, wie Petrus schreibet,*
> *Und ehren unsern König hoch.*
> *Was Wahrheit ist und Wahrheit bleibet,*
> *Im Leben und im Tode noch;*
> *Das ist uns heilig, ist uns hehr!*
> *Ihr Fasler, faselt morgen mehr.*

Asmus' gutgemeinter, aber mit intellektuell wie künstlerisch unzulänglichen Mitteln geführter «Entlastungsangriff» für das «Alte System» löste eine Flut von Gegenangriffen und Parodien aus. Claudius, der ja schon mit seinem Eintreten für den französischen Mystiker Saint Martin Anstoß erregt, auch bei seinem Eingreifen in den Streit zwischen Jacobi und Mendelssohn[122] eine sehr überzeugende Rolle gespielt, sich dann in die Händel mit August von Hennings[123] und schließlich in den «Xenien»-Streit mit den Weimarer Dioskuren verstrickt hatte, wurde nun vollends als einfältiger, Obskurantismus verbreitender «hinkender Bote» abgestempelt. Er wehrte sich nach Kräften, griff dabei oft daneben und geriet immer mehr in den Ruf eines rückschrittlichen Sonderlings. Seine «Antixenien» und seine Rezension der «Xenien» von Goethe und Schiller[124] fanden nicht einmal bei so alten Freunden wie Boie Anklang. In einer teilweise recht witzigen Parodie *Übungen im Stil* machte er sich nicht nur über Hennings und den Aufklärungstheologen Johann Salomo Semler, sondern auch über Kant und Voß lustig. Letzteres hatte ein Vorspiel gehabt. Da Claudius alle Übel seiner Zeit aus der «Preßfreiheit» herzurühren schienen, die für Dänemark schon von Struensee eingeführt worden war, riet er in *Eine Fabel* zur Wiedereinsetzung der Zensur: *Die Widder waren die Skribenten, / Die andern: Leser und Studenten, / Und Zensor war: der Brummelbär.* Diese bitten nun den Löwen, Gedanken-, Rede- und Schreibfreiheit zu geben, und der willfahrt, sperrt den Bären ein

> *Und tat den Spruch: «Die edle Schreiberei*
> *Sei künftig völlig frank und frei!»*

> *Der schöne Spruch war kaum gesprochen,*
> *So war auch Deich und Damm gebrochen.*
> *Die klügern Widder schwiegen still,*
> *Laut aber wurden Frosch und Krokodil,*
> *Seekälber, Skorpionen, Füchse,*

Kreuzspinnen, Paviane, Lüchse,
Kauz, Natter, Fledermaus und Star
Und Esel mit dem langen Ohr etc. etc.
Die schrieben alle nun und lieferten Traktate;
Vom Zipperlein und von dem Staate,
Vom Luftballon und vom Altar,
Und wußten's alles auf ein Haar,
Bewiesen's alles sonnenklar
Und rührten durcheinander gar,
Daß es ein Brei und Greuel war.

Der Löwe ging mit sich zu Rate
  Und schüttelte den Kopf und sprach:
    «Die besseren Gedanken kommen nach;
Ich rechnete, aus angestammten Triebe,
Auf Edelsinn und Wahrheitliebe –
    Sie waren es nicht wert die Sudler, klein und groß;
  Macht doch den Bären wieder los!» [125]

Diese in der «Hamburgischen Neuen Zeitung» im Oktober 1795 veröffentlichten Verse machten viel böses Blut und veranlaßten den alten Freund Voß, sogar im Einverständnis mit Jacobi, die Gegenfabel «Der Kauz und der Adler», in der Claudius als Oberuhu verspottet wurde, im «Genius der Zeit», dem Organ des Erzfeindes August von Hennings, drucken zu lassen.[126] Es kam zum Bruch mit Voß, der erst sehr viel später wenigstens äußerlich beigelegt wurde.

Claudius ist, so derb-drollig und manchmal auch boshaft er um sich zu schlagen vermochte, doch im Grunde seines Wesens kein Mann der Polemik gewesen, Pamphlete gerieten ihm nicht. Das literarische Tages-Gerangel lag ihm nicht, obwohl er oft aus christlicher «Botenpflicht» meinte, sich einlassen zu müssen. Da hatte er denn oft keine glückliche Hand, verfiel in krampfige Forschheit oder in Donquichotterie, Ausdruck einer gelegentlichen Diskrepanz zwischen seiner wirklichen Natur, die kontemplativ, weise und humorvoll war, und den Anforderungen des Tages an sie, dem Zwang zu echten oder Scheingefechten, die Geschicklichkeit, Skepsis und Taktik verlangt hätten.

Claudius war zum guten Teil «Journalist», doch muß diese Feststellung präzisiert und differenziert werden. Redakteur im engeren Sinne ist er knapp sieben Jahre seines Lebens gewesen: bei den «Hamburger Adreß-Comptoir-Nachrichten» 1768 bis 1770; als Herausgeber des «Wandsbekker Boten» 1771 bis 1775; als «Chefredakteur» der «Hessen-Darmstädtischen privilegierten Landzeitung» drei Monate des Jahres 1777. Nur der «Wandsbecker Bote» hat für seinen Werdegang große, ja entscheidende Bedeutung gehabt. Um sogleich nach dem Ende dieser kleinen Zeitung selbst als «Der Wandsbecker Bote» in Person auftreten zu können und ernst genommen zu werden, mußte er das Blatt zu einem einmaligen, unverwechselbaren, durch und durch seine Züge tragenden Organ geprägt haben. Und in der Tat war ihm das gelungen. Der erste und zweite Teil des *Asmus* bot, von ein paar Ausnahmen abgesehen, nichts anderes

als Zusammenstellung und Wiederabdruck der Claudiusschen Beiträge im
«Wandsbecker Boten»; die Art dieser Zusammenstellung gerade ist es
gewesen, die dann die spezifische Form für die späteren Fortsetzungen
abgab. Die Mischung der Bestandteile – Kritiken, Gedichte, Briefe,
Kuriosa aller Art – hat die Originalität dieser *Sämmtlichen Werke* ausgemacht. Sie waren insgesamt sozusagen «geronnener Journalismus», von
der Belanglosigkeit bis zum Geniewurf. Nicht nur die Grundthemen stammen aus der kleinen Dorfzeitung, sondern auch die berühmten Gestalten,
in die der Bote, ein drollig-weiser Proteus, zu schlüpfen liebte: *Hinz und
Kunz* und vor allem *Vetter Andres*. Der Vetter zog treulich mit seinem
Asmus durch alle acht Teile der *Sämmtlichen Werke*. Beide, Hinz und
Kunz, Asmus und Andres sind der e i n e Claudius, sind d e r Wandsbecker
Bote, im ersteren Fall als tiefsinniges Narrenpaar, als vorweggenommener
Karl Valentin:

H. Was meinst du, Kunz, wie groß die Sonne sei?
K. Wie groß, Hinz? – als 'n Straußenei.
H. Du weißt es schön, bei meiner Treu'!
   Die Sonne als 'n Straußenei!
K. Was meinst denn du, wie groß sie sei?
H. So groß, hör' – als 'n Fuder Heu.
K. Man dächt' kaum, daß es möglich sei;
   Potztausend, als 'n Fuder Heu![127]

Im zweiten Fall als komplementäres Freundespaar, in dem Asmus mehr
den biedermännisch-wackeren, vom «Herz am rechten Fleck» bestimmten, Andres mehr den weltmännisch-abwägenden, vom Kopf gelenkten
Part übernimmt. Hier ist die naiv-sentimentalische Doppelheit im Sinne
Schillers als weise Burleske personifiziert.

Den Auftakt des köstlichen, sich durch die tausend Seiten der *Sämmtlichen Werke* ziehenden Wechsel- und Widerspiels bildet der *Brief an
Andres* ziemlich am Anfang des ersten Bändchens; dort heißt es: *Gott zum
Gruß! ... Andres! unter'm Mond ist viel Mühe des Lebens, Er muß sich
zufrieden geben – ich sitze mit Tränen in den Augen und nag' an der Feder,
daß unter'm Mond so viel Mühe des Lebens ist, und daß einen jedweden
seine eigne Nücken so unglücklich machen müsse!*[128] Gerade um mit diesen Nücken fertig zu werden, stehen sich Asmus und Andres treulich bei.
Nicht zufällig schließen die Werke des «Boten», letztes Stück des achten
Teils, mit Briefen an Andres, die *vom Gewissen* handeln: *Wehe den Menschen, die nach Zerstreuung haschen müssen, um sich einigermaßen aufrechtzuerhalten! Doch wehe siebenmal den Unglücklichen, die Zerstreuung und Geschäftigkeit suchen müssen, um sich selbst aus dem Wege zu
gehen! Sie fürchten, allein zu sein; denn in der Einsamkeit und Stille rührt
sich der Wurm, der nicht stirbt, wie sich die Tiere des Waldes in der Nacht
rühren und auf Raub ausgehen.*

*Aber selig ist der Mensch, der mit sich selbst in Friede ist und unter allen
Umständen frei und unerschrocken auf und um sich sehen kann! Es gibt
auf Erden kein größer Glück. Andres! – wer doch sich und andre darnach
recht lüstern machen könnte!*[129] Es waren die letzten Worte des Asmus,

gerichtet an den *lieben Vetter Andres* vierzig Jahre nach Eröffnung ihrer Korrespondenz. Und über was alles haben sie miteinander gesprochen! Über Astronomie und Feuerwerk so gut wie über Bibelübersetzung und Kirchenlied, über die rechte Art, Gutes zu tun, und über das Heiraten und immer wieder über die Grundfragen des christlichen Glaubens. Und über alles mit natürlicher Menschlichkeit, in ungekünstelter Sprache, voll stillem Humor, aufgelegt zu Schabernack gegen sich und auch andere. So verpackt etwa Vetter Andres in *Ernst und Kurzweil* ganz unauffällig eine Theorie der Ästhetik und gleich noch eine der praktischen Ethik dazu: *Wahre Empfindungen sind eine Gabe Gottes und ein großer Reichtum, Geld und Ehre sind nichts gegen sie; und darum kann's einem leid tun, wenn die Leute sich und andern was weismachen, dem Spinngewebe der Empfindelei nachlaufen und dadurch aller wahren Empfindung den Hals zuschnüren und Tür und Tor verriegeln. Will Dir also über die ästhetische Saalbaderei und überhaupt über Ernst und Empfindung und seine Gebärde einigen nähern Bericht und Weisung geben, wenigstens zur Beförderung der ästhetischen Ehrlichkeit, und daß Du auch den Vogel besser kennen mögest; denn so hoch auch die schönen Künste und Wissenschaften getrieben sind, so haben doch Ernst und Kurzweil jedwedes seine eigne Federn. Meine Weisung ist kurz die: daß Ernst Ernst sei und nicht Kurzweil, und Kurzweil Kurzweil und nicht Ernst. Die Sache wird sich aber besser in Exempeln abtun lassen; und zwar will ich die Exempel an Dir statuieren, da Du doch ohne Dein Verschulden bei vielen in den Verdacht der Poeterei stehst, und sie Dich für einen erzempfindsamen Balg halten sollen.*[130]

Hier hält also Claudius, bei dem ja Ernst und Kurzweil so oft ineinander übergehen, Exerzitien mit sich selber ab, und Vetter Andres ist der Exerzitienmeister, der die Dinge an ihren rechten Ort rückt; er tut das mittels drastischer Exempel: Wenn dein Postillon sich das Bein bricht, *so sitz nicht*

Der Postillon. Illustration aus den «Sämmtlichen Werken»

auf dem Wagen und wimmere wie 'n Elendstier, kriege keine Konvulsions, sondern suche den Feldscher im Ort auf, zahl ihm ... die Taxe für den Beinbruch und noch etwas darüber, daß er's fein säuberlich mache, und komme denn ohne alles Weitere zu Deinem Schwager (= Postillon) *zurück und blase ihm eins auf seinem Horn vor, bis der Feldscher nachkomme.* Eine wandsbeckische Variante zum Gleichnis vom guten Samariter. Oder du stehst auf einer Anhöhe im Morgendämmer *und siehst hinaus ins Meer und nun steigt die Sonne aus dem Wasser hervor und das rührt Dein Herz, und Du könntest nicht umhin, auf Dein Angesicht niederzufallen ... so falle hin mit oder ohne Tränen, und kehre Dich an niemand und schäme Dich nicht. Denn sie ist ein Wunderwerk des Höchsten und ein Bild desjenigen ... vor dem Du nicht tief genug niederfallen kannst. Bist Du aber nicht gerührt, und Du mußt drücken, daß eine Träne komme, so spare Dein Kunstwasser und laß die Sonne ohne Tränen aufgehen.*

Solche essentielle Wahrheit, Kern aller Ethik und Ästhetik, zu Sprache und Form geworden — was nichts anderes heißt als: übergeführt in existentielle Wirklichkeit der Kunst —, das sind die vollendeten Claudiusschen Gedichte. Nicht viele der Zahl nach, aber jedes davon ein Glücksfall unserer Literatur. Wo jemals sind das Todesgrauen eines jungen Bluts und das tröstliche Hinübergleiten in erlösenden Schlaf so ausgesprochen worden wie in den acht Zeilen

Der Tod und das Mädchen[131]

Das Mädchen: *Vorüber! ach vorüber!*
                   Geh, wilder Knochenmann!
                    Ich bin noch jung, geh Lieber!
                    Und rühre mich nicht an.

Der Tod: *Gib Deine Hand, Du schön und zart Gebild!*
                    Bin Freund und komme nicht zu strafen.
                    Sei gutes Muts, ich bin nicht wild,
                    Sollst sanft in meinen Armen schlafen!

Das zum erstenmal im «Göttinger Musenalmanach auf 1775» gedruckte Gedicht wurde von Franz Schubert 1817 vertont, und zwar in so kongenialer Weise, daß eine neue, völlig unlösliche Einheit entstand. Das Gedicht wurde zum Lied, und so lebt es fort. Der Gedanke an den Tod hat Claudius durch das Leben begleitet; Freund Hain, Tröster und Geleiter, aber nie Kumpan, freundlich und sanft, aber doch fremd und unheimlich. Immer ist da etwas von der Ambivalenz des barocken Totentanzes, des Beinhauses, der Gräberornamentik spürbar. Wir alle gehen unweigerlich auf dasselbe Ziel zu, und das ist gut so, aber dennoch schaudert es uns:

<i>Ach, es ist so dunkel in des Todes Kammer,
Tönt so traurig, wenn er sich bewegt
Und nun aufhebt seinen schweren Hammer
Und die Stunde schlägt.</i>[132]</p>

[Handwritten manuscript of "Der Tod und das Mädchen"]

Doch dieser letzte Stunden-Schlag öffnet die Kammer, und so hat Claudius, meisterlich in der Kontrapunktik von Sprache und Rhythmus, den Vierzeiler *Die Liebe* beigefügt:

> *Die Liebe hemmet nichts; sie kennt nicht Tür noch Riegel,*
> *Und dringt durch alles sich;*
> *Sie ist ohn Anbeginn, schlug ewig ihre Flügel*
> *Und schlägt sie ewiglich.*[133]

Wenn der Tod für Claudius doch im Grunde der Lotse ist, der an Bord kommt zur letzten Fahrt und auf den man gewartet hat, so ist der Krieg dagegen der bloße Schreckenstyrann, Dämon der Finsternis, dem die Ohnmacht nur ihr *Ich begehre nicht schuld daran zu sein* zurufen kann. Diesen Ruf der Ohnmacht, der zugleich als ewige Anklage durch die Jahrhunderte hallt, hat der Bote hinausgeschrien wie kein zweiter deutscher Dichter:

> *'s ist Krieg! 's ist Krieg! o Gottes Engel wehre*
> *Und rede Du darein!*
> *'s ist leider Krieg – und ich begehre*
> *Nicht schuld daran zu sein!*
>
> *Was sollt' ich machen, wenn im Schlaf mit Grämen*
> *Und blutig, bleich und blaß*
> *Die Geister der Erschlagnen zu mir kämen*
> *Und vor mir weinten, was?*

Wenn wackre Männer, die sich Ehre suchten,
  Verstümmelt und halb tot
Im Staub sich vor mir wälzten und mir fluchten
  In ihrer Todesnot?

Wenn tausend Väter, Mütter, Bräute,
  So glücklich vor dem Krieg,
Nun alle elend, alle arme Leute,
  Wehklagten über mich?

Wenn Hunger, böse Seuch' und ihre Nöten
  Freund, Freund und Feind ins Grab
Versammleten, und mir zu Ehren krähten
  Von einer Leich herab?

Was hülf' mir Kron' und Land und Gold und Ehre?
  Die könnten mich nicht freun!
's ist leider Krieg – und ich begehre
  Nicht schuld daran zu sein![134]

Totentanz. Wandgemälde in der Marienkirche, Lübeck. 1942 zerstört

Das Gedicht erschien im «Vossischen Musenalmanach auf das Jahr 1779»[135], ein Wunderwerk an Form und Inhalt. Der Strophenbau ist genial: dadurch, daß die 1. und 3. Verszeile fünf Hebungen, die 2. und 4. nur drei besitzen (allein die 1. und 6. Strophe machen eine Ausnahme: in ihnen hat die 3. Zeile vier Hebungen, wodurch die Heftigkeit des Begehrens betont wird), erhält die ganze Strophe pulsierendes Leben; der Kurzvers bremst jeweils die vorwärtsdrängende Langzeile wieder ab und gewinnt zugleich durch die Schlußhebung Durchschlagskraft: *Und rede Du darein! — Verstümmelt und halb tot — So glücklich vor dem Krieg,* das ist jedesmal wie das verzweifelte Pochen an ein ehernes Tor. Zwischen die 1. und die 6. Strophe, die den doppelten Aufschrei: *'s ist l e i d e r Krieg* und *ich begehre nicht schuld daran zu sein* enthält, sind die vier Konditional-Strophen eingelassen: *Was sollt ich machen, wenn ...,* und nun zieht das Grauen, die Not, das Elend vorbei, ein gespenstischer Reigen der Heimsuchungen, bis hin zur schaurig-grotesken Übersteigerung, wo *Hunger, böse Seuch' und ihre Nöten,* Boten aus der Apokalypse, *von einer Leich herab ... krähten.* Das ist kühne, expressionistische Sprache, fast hundertfünfzig Jahre vor dem literarischen Expressionismus.

Zwar kann *Ein Lied nach dem Frieden in Anno 1779* künstlerisch nicht mit dem *Kriegslied* schritthalten, aber in dem Sechszeiler *Auf den Tod der*

Kaiserin Maria Theresia. Stich von Jacob Schmuzer nach einem Gemälde von Du Greux

Kaiserin gelang Claudius der schönste Nachruf auf Maria Theresia:

> *Sie machte Frieden! Das ist mein Gedicht.*
> *War ihres Volkes Lust und ihres Volkes Segen,*
> *Und ging getrost und voller Zuversicht*
> *Dem Tod als ihrem Freund entgegen.*
> *Ein Welteroberer kann das nicht.*
> *Sie machte Frieden! Das ist mein Gedicht.*[136]

Tod und Krieg und Liebe und Frieden sind in der Welt. Wir erleiden, ertragen, genießen, wie es kommt. Der Mensch jagt und wird selber erlegt; er irrt umher und findet zum Schluß das Grab. Er erringt dies und das: Ehren, Wohlstand, Macht; dies und das wird ihm geschenkt: Gesundheit, Familie, Freundschaft – wenn's hoch kommt, Liebe. Aber über allem der Anhauch von Freund Hain. Was also bleibt? Manchmal, ganz selten, eine Stunde des inneren Friedens, die den letzten Zusammenklang von Geschöpf und Schöpfung vorahnt. Claudius hat in seinem *Abendlied* einen solchen Lebensmoment, der vielleicht nur einmal zuteil wird, in ein Gedicht gefaßt:

> *Der Mond ist aufgegangen,*
> *Die goldnen Sternlein prangen*
> *Am Himmel hell und klar.*

Der Wald steht schwarz und schweiget,
Und aus den Wiesen steiget
    Der weiße Nebel wunderbar.

Wie ist die Welt so stille,
Und in der Dämmrung Hülle
    So traulich und so hold!
Als eine stille Kammer,
Wo ihr des Tages Jammer
    Verschlafen und vergessen sollt.

Seht ihr den Mond dort stehen? —
Er ist nur halb zu sehen,
    Und ist doch rund und schön!
So sind wohl manche Sachen,
Die wir getrost belachen,
    Weil unsre Augen sie nicht sehn.

Wir stolze Menschenkinder
Sind eitel arme Sünder
    Und wissen gar nicht viel;
Wir spinnen Luftgespinste
Und suchen viele Künste
    Und kommen weiter von dem Ziel.

Gott, laß uns dein Heil schauen,
Auf nichts Vergänglichs trauen
    Nicht Eitelkeit uns freun!
Laß uns einfältig werden
Und vor dir hier auf Erden
    Wie Kinder fromm und fröhlich sein!

Wollst endlich sonder Grämen
Aus dieser Welt uns nehmen
    Durch einen sanften Tod!
Und wenn du uns genommen,
Laß uns in Himmel kommen,
    Du unser Herr und unser Gott!

So legt euch denn, ihr Brüder,
In Gottes Namen nieder;
    Kalt ist der Abendhauch.
Verschon uns Gott! mit Strafen,
Und laß uns ruhig schlafen!
    Und unsern kranken Nachbarn auch![137]

Auch dieses Gedicht erschien im «Vossischen Almanach», zusammen mit dem *Kriegslied*: die Thematik der Welt in einem Kalenderbuch des Zeitgeschmacks.

REZENSENT UND ÜBERSETZER

Er war schon ein seltsamer Zeitungsschreiber, dieser *Wandsbecker Bothe*. Die bedeutenden Welthändel, die Haupt- und Staatsaktionen fanden keinen Raum, aber er teilte dem Leser mit, wann die erste Nachtigall in Wandsbeck geschlagen hatte oder Rebecca niedergekommen war. In anderer Weise freilich gab er aufschlußreiche Kommentare zum Zeitgeschehen: nämlich in seinen Rezensionen. Claudius, dessen Bedeutung auf diesem Gebiet noch unterschätzt wird, ist ein ebenso unbestechlicher wie eigenwilliger Meister der literarischen Kritik gewesen. Beginnend mit der originellen Besprechung der «Minna von Barnhelm» in den «Hamburger Adreß-Comptoir-Nachrichten» (1769) und endend mit der Rezension der «Xenien», in 66 Distichen, gedruckt 1796 in der «Hamburgischen Neuen Zeitung», hat Claudius in dem dazwischenliegenden Zeitraum zu vielen wichtigen literarischen Publikationen Stellung genommen; allerdings in sehr ungleicher Verteilung über die Jahre hin: die große Masse der Kritiken fällt natürlicherweise in die Zeit seiner aktiven Tätigkeit als Redakteur, also bis 1775; im dritten Teil des *Asmus* (1778) rezensierte er Lavaters «Physiognomische Fragmente», und im fünften Teil (1790) ließ er sich, wie schon erwähnt, in den von Jacobi ausgelösten Spinoza-Streit ein. Von den ausklingenden siebziger Jahren an verstummt der Kritiker Claudius.

Aber es bleibt auch so noch eine stattliche Reihe von Autoren und Werken, zu denen er seine Meinung gesagt hat: Goethe, Hamann, Herder, Klinger, Klopstock, Lavater, Lenz, Lessing, Merck, Nicolai, Schlözer, Sterne, Wieland. Und wie es mit Renzensionen eben geht: die negativen oder auch nur einschränkenden fördern in der Regel nicht die Freundschaft mit dem betroffenen Autor. Und nicht nur das: unweigerlich gerät der Rezensent auch in die Mühlen der Verfasser-, Richtungs- und Gruppenstreitigkeiten; auch Claudius blieb diese Erfahrung, wie wir am Beispiel der Kontroverse um den «Werther» sahen, nicht erspart.

Drei Jahre nach der «Minna von Barnhelm»-Kritik erschien die der «Emilia Galotti» (1772). Claudius kündigte sie in seiner Zeitung mit den Worten an: *Ich hab's gelesen und wieder gelesen, aber heute mache ich nur wie der Maler Conti. Er lehnte anfangs das Gemälde der Emilia verwandt gegen einen Stuhl. Denn ich muß Platz haben, wenn ich's umwenden soll. Vieles in dem Anzüglichsten der Schönheit liegt ganz außer den Grenzen der Kunst.*[138] Das Unverwüstliche dieser wie aller Kritiken von Claudius liegt darin, daß er sich völlig mit dem Stoff, den Problemen und Konflikten, den Personen identifiziert – auf einer hohen Ebene, so, wie es Kinder im Theater tun. Nichts von müder Blasiertheit des allwissenden Kritikers, sondern warmherzige Anerkennung, ja Bewunderung, wie gegenüber Klopstock, oder klare Distanzierung, wie gegenüber Wieland – und beides mit ehrlicher Begründung. *Zwar ist's gedruckt wie Verse,* schrieb Claudius über Klopstocks Oden, *und 's ist viel Klang und Wohllaut drin, aber's können doch keine Verse sein. Ich will 'nmal meinen Vetter fragen. – 's sind*

Andres und seine Braut schauen nach den Sternen. Stich von R. Schellenberg nach Daniel Chodowiecki

doch Verse, sagt mein Vetter, und fast'n jeder Vers ist ein kühnes Roß mit freiem Nacken, das den warmgründigen Leser von fern reucht und zur Begeistrung wiehert... Mein Vetter sagt, 's muß gar nicht schäumen, 's muß klar sein wie 'n Tautropfen, und durchdringend wie 'n Seufzer der Liebe...[139] Launig griff der «Bote» noch einmal die Diskussion um gereimte oder nicht gereimte Lyrik auf, die in der Jahrhundertmitte die Gemüter erregt hatte. Und nachdem er des Dichters Ode «Die frühen Gräber» zitiert hat, setzt er hinzu: *Das wollt' ich wohl gemacht haben...* Claudius hat sicher nicht immer Größe in ihren richtigen Dimensionen erkannt – so nicht die Goethes, nicht die Schillers –, aber wo er sie wahrnahm, bekannte er sich zu ihr, herzlich und bescheiden. So wurde zum Beispiel Hamanns Schwerverständlichkeit, die dennoch der Bemühung um sie lohnt, nie liebenswürdiger apostrophiert als mit dem Satz: *Übrigens hat er sich in ein mitternächtliches Gewand gewickelt, aber die goldnen Sternlein hin und her im Gewande verraten ihn, und reizen, daß man sich keine Mühe verdrießen läßt.*[140]

Von seinem Freund Herder hat Claudius drei epochale Schriften besprochen, die sowohl für Herders eigene Entwicklung wie auch für die deutsche Geistesgeschichte höchste Bedeutung erlangten: «Älteste Urkunde des Menschengeschlechts»[141], «Abhandlung über den Ursprung der Sprache» und «Auch eine Philosophie der Geschichte zur Bildung der Menschheit»[142]. Im ersten Falle ist eine gewisse Reserve spürbar, ebenso im letzten. Aber in seiner Rezension über die «Abhandlung» erfaßte Claudius Herders fundamental neue Sprachtheorie in der Tiefe. *Herr Herder kam, sammlete Halme aus der Natur der Seele des Menschen und seiner Organisation, aus dem Bau der alten Sprachen und dem Fortgange derselben, aus der ganzen menschlichen Ökonomie etc., band seine Garbe und stellte sie hin –: Schrei der Empfindung ist nicht Sprache, nicht ihr Blatt noch ihre Wurzel, sondern der Tautropfen, der sich an Blätter und Blüten anhängt und sie belebt; das Tier ist immer auf einen Punkt, dicht an den sinnlichen Gegenstand, geheftet; der Mensch kann seinen Blick losreißen, wendet ihn von einem Bilde zum andern, weilet auf einem, sondert sich Merkmale ab und hat nun schon ein Wort zur Sprache in sich, das er von sich gibt, nach dem Ton, der sein Ohr dabei trifft, nach dem Resultat der Gärung unter den Bebungen der übrigen Seelensaiten – und so bildet sich nach und nach eine Sprache analogisch mit der übrigen Bildung des Menschengeschlechts etc.*[143]

Obwohl Claudius sich kaum jemals dazu hinreißen ließ, Lob und Tadel nach Sympathie oder Antipathie zu verteilen, lag ihm doch andererseits unterkühlte Neutralität nicht. Das zeigte sich gegenüber Wieland. Als dieser ihm, unbesehen der vorausgegangenen Mißklänge, doch einen verbindlich-einlenkenden Brief schrieb, antwortete der Wandsbecker und betonte nochmals die Distanzierung: *Warum ich Ihnen nicht Exemplare von seinen (Asmus') Sämmtlichen Werken zugeschickt habe? – Ich habe überhaupt wenigen Leuten zugeschickt, weil es wirklich wahr ist, was ich in der Subskriptionsanzeige sage, daß ich die Herren Gelehrten, die ich nicht kenne, nicht inkommodieren mag, und dazu hatte ich im Bothen und in den Sämmtlichen Werken verschiedentlich auf Sie und auf den deutschen Mercur gestichelt und wußte nicht, wie Sie das goutieren... Was übrigens die*

Christoph Martin Wieland. Crayonstich von S. Pfeiffer nach Johann Heinrich Wilhelm Tischbein

Ähnlichkeit unsrer Denkart über das, was schön und gut ist, und das davon abhängige Mitarbeiten am Mercur betrifft, so glaube ich, daß Hr. Asmus sich darüber in seinem Buche offenherzig genug erklärt hat. Meine Philosophie ist einfältigen, ärmlichen Ansehens, aber ich habe noch keine andere funden, die unter allen Umständen stichhält, und, weil es mir nun mehr aufs Stichhalten als aufs Schönaussehen ankommt, so hab' ich sie mir erwählt und lasse gern einem jeden die seinige, wie sich das von selbst versteht.[144] Die schönste Kritik hat Claudius über Lavaters «Physiognomische Fragmente» geschrieben, ein kleines Kunstwerk: wohlwollend-abwehrend und tiefsinnig-witzig: *Soviel ich verstanden habe, sieht Herr Lavater den Kopf eines Menschen und sonderlich das Gesicht als eine Tafel an, darauf die Natur in ihrer Sprache geschrieben hat: «Allhier logierte in dubio ein hochtrabender Geselle! ein Pinsel! ein unruhiger Gast! ein Poet! 'n Wilddieb! 'n Rezensent! ein großer mutiger Mann! eine kleine freundliche Seele! etc. etc.»*

Es wäre sehr naiv von der Natur, wenn sie so jedwedem Menschen seine Kundschaft an die Nase gehängt hätte, und wenn irgendeiner die Kundschaften lesen könnte, mit dem möchte der Henker in Gesellschaft gehn ... Der unsterbliche Fremdling im Menschen ist aber inwendig im Hause, und man kann ihn nicht sehen. Da lauert nun der Physiognom am Fenster, ob er nicht am Widerschein, am Schatten oder sonst am gewissen Zeichen ausspionieren könne, was da für ein Herr logiere, damit er und

*François de Salignac de La Mothe-Fénelon.
Gemälde von J. Vivien*

andere Menschen eine Freude oder Gelegenheit hätten, dem Herrn einen Liebesdienst zu tun. Mag er bei seiner Entriprise parteiisch sein, übertreiben, tausendmal neben der Wahrheit hinfahren und mehr Unkraut als Weizen sammeln; er bleibt auch mit Unkraut in der Hand ein edler Mann... Was der liebe Gott anfangs alles für Weltkräfte erschaffen und wie er sie gegeneinander geordnet hat, das ist alles vor unseren Augen verborgen und ich wäre sehr geneigt, die ganze sichtbare Welt als eine Glocke anzusehen, die wir davon läuten hören, ohne recht zu wissen, in welchem Turm sie ist. Die Natur hat, wie in den Apotheken, ihre simplicia und composita in verschiedene Büchsen getan, und die äußere Form der Büchse ist das Schild, was sie darüber ausgehängt hat...[145]

Tritt der Literaturkritiker dem Werk gegenüber, so der Übersetzer in es hinein: jener untersucht und richtet, dieser liebt und dient, oder andernfalls werden beide nicht von Rang sein. Sehen wir von den Übersetzungen ab, die Brotarbeiten waren, wie etwa Allan Ramsays «Reisen des Zyrus»[146], so hat Claudius mit jeder seiner aus freiem Entschluß gewählten Übertragungen ein Bekenntnis ablegen wollen. So mit der schon erwähnten Übersetzung des Buches von Saint Martin; so mit der Übersetzung der «Apologie des Sokrates» von Platon[147], die auf den bereits in der Antike angelegten monotheistischen Glauben und auf die von Sokrates geübte unbedingte Unterwerfung unter die Obrigkeit hinweisen sollte; so mit den Übertragungen von Francis Bacons Glaubensbekenntnis[148] und von Newtons «Observationen zum Propheten Daniel»[149], zu denen er im Postskript an Andres bemerkte: *Sieh Andres, und so übersetze ich denn, in Ermangelung eigenen Vermögens, daß wenigstens die Leute, die es vielleicht nicht wissen und sich durch das Wort «Philosoph» blenden lassen, sehen, wie «Philosophen» wohl sonst über Religion und Christentum gesprochen haben.*[150]

Seine letzte große Übersetzungsarbeit galt dem Werk des französischen Theologen des Zeitalters Ludwigs XIV., Fénelon[151]. Viele Jahre wendete Claudius daran, die religiösen Schriften dieses überragenden Mannes zum erstenmal der deutschen Geisteswelt wirklich zu erschließen:

Johann Kaspar Lavater.
Zeichnung von Johann Heinrich Lips, 1789

die drei Bände, zusammen rund tausend Seiten, erschienen beim Schwiegersohn Perthes 1800, 1809 und 1811. Die drei Vorreden zu den Bänden nahm Claudius in seine Werke auf; die zweite, abgedruckt in Teil VIII, bringt eine anschauliche, noch heute gut lesbare Biographie Fénelons; die dritte, ebenfalls in Teil VIII, rechtfertigt den dem Werk beigefügten *Anhang aus dem Pascal*. In der ersten Vorrede aber, die das Gesamtwerk einleitet und in Teil VII der *Sämmtlichen Werke* aufgenommen ist, hat Claudius ausgesprochen, was ihn, als er an die riesige Arbeit ging, bewegte: *Der Mensch ist für eine freie Existenz gemacht, und sein innerstes Wesen sehnet sich nach dem Vollkommenen, Ewigen und Unendlichen als seinem Ursprung und Ziel. Er ist hier aber an das Unvollkommene gebunden, an Zeit und Ort; und wird dadurch gehindert und gehalten und von dem väterlichen Boden getrennt.*

Und darum hat er hier keine Ruhe, wendet und müht sich hin und her, sinnet und sorgt und ist in beständiger Bewegung zu suchen und zu haben, was ihm fehlt und ihm in dunkler Ahndung vorschwebt . . . Soll er zu seinem Ziel kommen, so muß für ihn ein Weg einer andern Art sein, wo das Alte vergeht und alles neu wird . . . und diesen Weg, der das Geheimnis des Christentums ist, lästern und verbessern die Menschen und wollen lieber auf ihrem Bauch kriechen und Staub essen . . . Wenn nun gleich hier mit «Weisheit» und «Kunst» nichts ausgerichtet ist . . . und der Mensch nichts nehmen kann, es werde ihm denn vom Himmel gegeben; so kann er sich doch, durch eine gewisse fortgesetzte Behandlung und Richtung Seiner-Selbst, empfänglicher machen und der fremden Hand den Weg bereiten. Von diesem Wegbereiten und Empfänglichmachen handelt der Erzbischof Fénelon in den hier übersetzten Werken und teilt darin, nicht als ein Klügling und Urteiler des Weges und als Menschen zu gefallen, sondern als einer, der die Sache versucht hat und dem an seiner und anderer Menschenseligkeit gelegen ist, seine Erfahrungen und seinen Rat einfältig und unbefangen mit.[152]

DER FAMILIENVATER

Matthias Claudius war kein junger Bräutigam; als er heiratete, stand er im 31. Lebensjahr. Dafür war die Braut, Anna Rebecca Behn, fast noch ein Kind; ein halbes Jahr nach der Hochzeit wurde sie siebzehn. Sie war ein unverbildetes, hübsches, gesundes Geschöpf, dem einfachen Volk entstammend und dabei mit einer Fülle natürlicher Gaben ausgestattet, vor allem mit großer Lern- und Bildungsfähigkeit, mit Güte und Humor, nicht anders als ihr Mann, dazu, wie sich dann sehr schnell zeigte, eine ideale Geliebte, Mutter, Hausfrau. *Ein ungekünsteltes Bauermädchen im wörtlichen Verstande*, so nannte er sie seinem Freund Herder gegenüber[153], und fügte hinzu: *Aber lieb hab ich sie darum nicht weniger, mir glühen oft die Fußsohlen für Liebe.* Herders Caroline Flachsland war eine gebildete, sehr differenzierte und zur Exaltiertheit neigende Frau, die Ehe später nicht ohne Spannungen; auch die anderen Ehefrauen des Freundeskreises, Voß', der Stolbergs, Jacobis, lauter Mädchen aus gehobenen sozialen Schichten, zum Teil adelig – aber keine der Ehen hält einen Vergleich aus mit der des *Wandsbecker Bothen*. Da stimmte eben alles: Bett und Küche, der liebe Gott im Herzen und die Kuh im Garten, Kindergewimmel, Hausmusik, und die Freude über den unerwarteten Braten und die Träne beim Tod eines Lieben. Was die körperlichen Reize, die Fähigkeit zum «Betthäsgen», das gute Herz und die handfeste Lebenstüchtigkeit Rebeccas betrifft, so denkt man unwillkürlich an Goethes Christiane; nur war deren Position sehr viel ungünstiger; zur vollen Entfaltung als Ehefrau und Mutter konnte sie nie kommen, denn um so vieles größer Goethe war als Claudius, um so vieles war er schlechter als Familienvater. Im bürgerlichen Sinne hat ja Claudius nach seiner Darmstädter Episode keinen Beruf mehr ausgeübt, aber tatsächlich ist er Familienvater von Profession gewesen: er zeugte die Kinder nicht bloß mit offenkundigem Vergnügen, sondern er kochte der Wöchnerin auch die Biersuppe, wickelte und fütterte die Kleinen während des Wochenbetts, er unterrichtete die Kinder bis zur «Hochschulreife», er spielte und musizierte mit ihnen, er geleitete sie ins Leben – drei von ihnen auch auf den Friedhof –, und er blieb ihnen, seinen Enkeln und Schwiegerkindern, bis zum letzten Atemzug «der Vater» schlechthin.

Wir haben in der deutschen Literatur nicht sehr viele Zeugnisse des Familienlebens. Der kleine, bescheidene Alltagsbereich, wo Kinder gestillt, in Schlaf gesungen, an Festtagen beschert oder zur letzten Ruhe gebettet werden, hat den Gestaltungsdrang unserer großen Dichter nicht eben beflügelt. Da aber der «Bote» solchen Ehrgeiz nicht kannte, verdanken wir ihm hier ein paar Kleinodien. *Als er sein Weib und's Kind an ihrer Brust schlafend fand*, dichtete er:

> *Das heiß' ich rechte Augenweide,*
> *'s Herz weidet sich zugleich*
> *Der alles segnet, segn' euch beide!*
> *Euch liebes Schlafgesindel, euch!*[154]

Und er schreibt dem Vetter Andres: *Sonst tue ich Dir noch berichten, daß ich itzo, Gott sei tausendmal Dank! drei Kinder hab' und aufs andre halbe Dutzend* losgehe. Du kannst nicht glauben, Andres, was ein Fest es für mich ist, wenn der Adebär (Storch) ein neues Kind bringt und die Sach nun glücklich getan ist und ich's Kind im Arm habe. Kann sich keine Truthenne mehr freuen, wenn die Küchlein unter ihr aus den Eiern hüpfen. «Da bist du, liebes Kind», sag' ich denn, «da bist du! sei uns willkommen! – es steht dir nicht an der Stirne geschrieben, was in dieser Welt über dich verhängt ist, und ich weiß nicht, wie es dir gehen wird, aber gottlob daß du da bist! und für das Übrige mag der Vater im Himmel sorgen.» Denn herz' ich's, beseh's hinten und vorn und bring's der Mutter hin, die nicht mehr denkt der Angst!*[155]

22 Jahre lang kam «der Adebär» ins Haus: das erste Kind wurde 1772, das letzte 1794 geboren. Die ersten fünf waren Töchter; dann der so sehnlich erwartete Stammhalter Johannes (1783), dann noch mal eine Tochter, dann vier Söhne. Rebeccas Gesundheit war eisern: sie gebar zwölfmal, bis

---

* Müßte richtig heißen: halbe Halbdutzend.

Caroline von Herder, geb. Flachsland

auf das erste Söhnchen Matthias, das nur ein paar Stunden lebte, lauter kräftige Kinder, und wurde fast 78 Jahre alt.

Man begreift, daß bei solchem Kindersegen – und es w a r ein Segen, und es wurde so aufgefaßt, eine große Anzahl tüchtiger Männer und Frauen, Pastoren-, Juristen- und Ärztefamilien, sind aus der Claudiusschen Nachkommenschaft hervorgegangen – daß also bei solcher Fruchtbarkeit die Skala des «Lebensstandards» nur von nackter Armut bis allerhöchstens bescheidener Bürgerlichkeit reichen konnte. Matthias und Rebecca nahmen das, mitunter zwar seufzend, aber doch immer fröhlichen Herzens und kindlich gottvertrauend in Kauf. Ein frühes Exempel der «freien Schriftsteller-Existenz», mit ihren Risiken, ihrem Elend, aber doch auch ihrer Würde und Freiheit. Nach Darmstadt machte Claudius keinen Versuch mehr, sich zu verdingen. Freunde und Gönner halfen, so Haugwitz, Schlabrendorff, die Stolbergs, schließlich entscheidend und für immer Kronprinz Friedrich von Dänemark.

Was Claudius geschrieben hat, ist aus seinem Glaubens- und aus seinem Familienleben – und beides war ineinander verzahnt – hervorgegangen. Seinen so dominierenden Begriff von Familie übertrug er auch auf seine politischen und gesellschaftlichen Vorstellungen: Staat und Gesell-

*Christiane von Goethe, geb. Vulpius.
Zeichnung von Goethe*

schaft als folgsamer, geordneter Familienverband, vom König als Sippenpatriarch gelenkt, darunter alle kleineren Einheiten, bis in Dorf und Gehöft hinab, als harmonische Einzelfamilien. Wie das im idealen Falle aussehen sollte, hat er in *Paul Erdmanns Fest*, eine Art von szenischem Lehrstück, geschildert: zufriedene, fromme, rechtschaffene Bauern mit ihrem edlen, frommen, gerechten und unermüdlich fürsorgenden Herren in Harmonie, Dankbarkeit und Wissen vom Aufeinanderangewiesensein verbunden, feiern gemeinsam den 50. Jahrestag der Hofübernahme durch Paul Erdmann. Der in Welschtum, Atheismus und hochmütiger Absonderung verderbte Adel wird angeprangert und beschämt: *Herr von Saalbader. «Zum Henker, was ist denn ein Edelmann?» Asmus. «Es war in einem Lande ein Mann, der sich durch hohen Sinn, durch Rechtschaffenheit, Uneigennützigkeit und Großmut über alle seinesgleichen erhob und alle seine Nachbarn verdient machte; dieser Zirkel war aber nur klein, und weiterhin kannte man ihn nicht, so sehr man sein bedurfte. Da kam der Landesherr, der mit der goldenen Krone an seiner Stirn, und nannte diesen Edlen öffentlich seinen Angehörigen und stempelte ihn vor dem ganzen Lande als einen Mann, bei dem niemand je gefährdet sei, dem sich ein jedweder, Mann oder Weib, mit Leib und Seele sich anvertrauen könne – und das ganze Land dankte dem Landesherrn und ehrte und liebte den neuen Edelmann. Und weil der Apfel nicht weit vom Stamme fällt und der Sohn eines Edelmannes auch ein edler Mann sein wird, so stempelte der Landesherr in solchem Vertrauen sein ganzes Geschlecht in ihm mit, legte ihm auch etwas an Land und Leuten zu, wie Eisenpfeil an den Magneten, daß seine wohltätige Natur, bis er ihn etwa selbst brauche, daran zu tun und zu zehren habe.» Herr von Saalbader. «Auf diese Weise könnte ja ein Bürgerlicher ein edler Mann sein?» Asmus. «Haben Sie denn je daran gezweifelt?» Herr von Saalbader. «Ich will sagen, es kann einer edel sein und noch nicht adlig.» Asmus. «Nicht allein das, sondern es kann auch einer noch adlig sein und nicht mehr edel...»*[156] *Die Schlußapotheose klingt in das Lob Gottes und das Vivat auf den guten Herrn von Hochheim aus: Unke. «Aufgestanden was sich rühren kann. Unsers gnädigen Herrn seine Gesundheit soll getrunken werden»... Die Bauern standen nun alle, mit entblößtem Haupt. Auch am andern Tisch* (an dem die zurechtgewiesenen Adeligen saßen), *als ob die Empfindung epidemisch würde und Recht n'mal Recht bleiben wollte, stand einer nach dem andern auf... und die Knechte strichen die Sicheln. Paul* (mit dem Glas in der Hand): *«Nun denn in Gottes Namen. Unsers lieben, guten, frommen, gnädigen Herrn von Hochheim seine Gesundheit! – daß Gott ihm lohne! –– und daß Gott ihn segne – wie er uns segnet! ––»*[157]

An diesem Bild: der Staat und jede seiner Zellen als Familie hat Claudius konsequent festgehalten, um so zäher, je mehr es im Verlauf der gesellschaftlichen und politischen Umwälzungen zu Ende des Jahrhunderts verblaßte und zerfiel. Zu fürstlichen Besuchen, Ehrentagen, Geburts- und Sterbefällen im Königshaus sagte der «Bote» sein treu-familiäres Gruß-, Glückwunsch- oder Beileidswort, und zwar nicht devot, liebedienernd, um Entgelt, sondern aus freien Stücken; nie ein Schmeichler, aber mit Stolz ein Untertan, für den *Kron' und Zepter* Familienschmuck sind, von Gott dem König in Verwahrung gegeben.[158] Auch dies eine Seite des Wandsbeckers, die, will man ihn ganz verstehen, nicht wegretuschiert werden darf.

In seiner eigenen Familie ist er, um mit Paulus zu reden, allen alles gewesen. Für seine Kinder erfand er köstliche neue «Festtage», so den *Herbstling* und den *Eiszäpfel. Hab' eine neue Erfindung gemacht, Andres, und soll Dir hier so warm mitgeteilt werden. Du weißt, daß in jeder gut eingerichteten Haushaltung kein Festtag ungefeiert gelassen wird, und daß ein Hausvater zulangt, wenn er auf eine gute Art und mit einigem Schein des Rechtes einen neuen an sich bringen kann. So haben wir beide, außer den respektiven Geburts- und Namenstagen, schon verschiedene andere Festtage an unsern Höfen eingeführt, als das Knospenfest, den Widderschein, den Maimorgen, den Grünzüngel, wenn die ersten jungen Erbsen und Bohnen gepflückt und zu Tisch gebracht werden sollten, usw.... Gestern aber, wie das mit den Erfindungen ist: man findet sie nicht, sondern sie finden uns, gestern als ich im Garten gehe und an nichts weniger denke, schießen mir mit einmal zwei neue Festtage aufs Herz, der Herbstling und der Eiszäpfel, beide gar erfreulich und nützlich zu feiern. Der Herbstling ist nur kurz und wird mit Bratäpfeln gefeiert. Nämlich: wenn im Herbst der erste Schnee fällt, und darauf muß genau achtgegeben werden, nimmt man so viel Äpfel, als Kinder und Personen im Hause sind und noch einige*

Das «Bratäpfelfest». Stich nach Daniel Chodowiecki

darüber, damit, wenn etwa ein Dritter dazu käme, keiner an seiner quota gekürzt werde, tut sie in den Ofen, wartet bis sie gebraten sind, und ißt sie denn.

So simpel das Ding anzusehen ist, so gut nimmt sich's aus, wenn's recht gemacht wird. Daß dabei allerhand vernünftige Diskurse geführt, auch oft in den Ofen hineingeguckt werden muß etc. versteht sich von selbst. Und soviel vom Herbstling.[159]

Manche seiner gelungensten Verse lassen erkennen, daß sie geradezu für Kinder geschrieben sind, so etwa *Ein Lied hinter dem Ofen zu singen*[160]:

> Der Winter ist ein rechter Mann,
> Kernfest und auf die Dauer;
> Sein Fleisch fühlt sich wie Eisen an,
> Und scheut nicht süß noch sauer.
>
> War je ein Mann gesund, ist er's;
> Er krankt und kränkelt nimmer,
> Weiß nichts von Nachtschweiß noch Vapeurs
> Und schläft im kalten Zimmer.

Er zieht sein Hemd im Freien an
  Und läßt's vorher nicht wärmen;
Und spottet über Fluß im Zahn
  Und Kolik in Gedärmen.

Aus Blumen und aus Vogelsang
  Weiß er sich nichts zu machen,
Haßt warmen Drang und warmen Klang
  Und alle warmen Sachen.

Doch wenn die Füchse bellen sehr,
  Wenn's Holz im Ofen knittert,
Und um den Ofen Knecht und Herr
  Die Hände reibt und zittert;

Wenn Stein und Bein vor Frost zerbricht,
  Und Teich' und Seen krachen;
Das klingt ihm gut, das haßt er nicht,
  Denn will er tot sich lachen. —

Sein Schloß von Eis liegt ganz hinaus
  Beim Nordpol an dem Strande;
Doch hat er auch ein Sommerhaus
  Im lieben Schweizerlande.

Da ist er denn bald dort, bald hier,
  Gut Regiment zu führen.
Und wenn er durchzieht, stehen wir
  Und sehn ihn an und frieren.

Wie der Vater mit den Kleinen spielt und tollt — man betrachte nur die Bilder im *Asmus*, die das bekunden und die der «Bote» sich ausgedacht und von dem Kupferstecher Daniel Chodowiecki hat gravieren lassen —, so ist er auch mit ihnen ernst, fromm und fest. In allen den vielen Briefen an die Kinder kein falscher Zungenschlag. Ob er dem Vierjährigen eine Peitsche verspricht: *Lieber Fritz, vorige Woche ist in Hannover Markt gewesen und ich habe Hr. Wehrs gebeten, daß er auf diesem Markte eine schöne Peitsche für meinen Fritz kaufte. Morgen abend werden wir sehen, was er gekauft hat, und Mittwoch abend sollst Du es sehen. Bis so lange mußt Du Dich mit der alten behelfen. Hier sind die Knaben so dumm und haben gar keine Peitschen, reiten auch gar nicht, sondern gehen immer zu Fuß. Addies, lieber Fritz und Donnerstag morgen mußt Du so gut sein, in unser Bett zu kommen und eine halbe Stunde in meinem Arm zu liegen.*[161] Oder ob er dem sechzehnjährigen Kaufmannslehrling die verantwortungsvolle Entscheidung eines Berufswechsels klarmacht: *Lieber Johannes, Du hast den Wunsch, Deine jetzige Laufbahn als Kaufmann aufzugeben und zum Studium zurückzukehren ... Du weißt, daß es nicht meine Absicht gewesen ist, daß Du Kaufmann würdest, denn es ist Dein eigner freier Wille und Entschluß gewesen, den Du nun wieder ändern willst. Ein solches Wanken*

*Claudius setzt an zu einem Freudensprung.
Stich von R. Schellenberg nach Daniel Chodowiecki*

in seiner Entschließung ist überhaupt etwas bedenklich und, da die Gründe Deiner vorigen Entschließung nicht gegründet und fest gewesen sein müssen, so können die Gründe Deiner itzigen es vielleicht auch nicht sein und es veranlassen und bestimmen Dich vielleicht, ohne daß Du es selbst weißt, diese oder jene Unannehmlichkeiten Deiner itzigen Lage ... Indessen und bei dem allen, wenn Du wirklich an der Kaufmannschaft keine Freude und nicht genug hast und Dein Herz etwas Besseres und Edleres begehrt und sonderlich, wenn Du einen ernstlichen Trieb hättest, als Theologe Gutes in der Welt zu schaffen, als dazu itzo die rechte Zeit ist, so will ich Dich keineswegs zwingen, sondern gern die Hände bieten, soviel ich kann.[162]
Oder ob er Caroline, die Frau des Buchhändlers und Verlegers Friedrich Christoph Perthes, tröstet, als ihr ein Kind gestorben ist: *Sieh, liebe Caroline, wenn der liebe Gott Dich gefragt hätte: «Ich will das Kind zu mir nehmen, willst Du es mir überlassen?» so hättest Du ja gesagt; nun er es hat*

Claudius an seinen Sohn Johannes, 12. September 1799

zu sich nehmen wollen, sage ungefragt auch ja, es ist in seiner Unschuld und ohne Böses gewollt und getan zu haben von hier gegangen, so können wir anderen uns nicht rühmen. Daher und hiergewesen sein müssen wir alle und sind in dem Maß glücklich, wie wir rein und unschuldig wieder von hier gehen.[163]

Immer ein natürlicher, unprätentiöser Ton, der genau dem Gegenstand und der Situation angemessen ist. Auch nachdem die Kinder das Haus verlassen haben, bleibt die enge Zusammengehörigkeit mit dem Elternhaus gewahrt. Der Vater berichtet jedem über jeden und über alles. Übers ganze

Caroline Perthes,
geb. Claudius.
Anonymes Gemälde

Land hin sind sie zerstreut: die Söhne gehen in Schulpforta zur Schule, oder sie studieren in Berlin, oder sie sind schon in Amt und Würden und haben eigene Familien; die Töchter haben geheiratet: Caroline den später so bedeutenden Verleger Perthes (1797), Anna den Arzt Max Jacobi, den jüngsten Sohn des väterlichen Freundes Friedrich Heinrich Jacobi (1798), und Rebecca den Wandsbecker Pastor Schroeder (1813) – sie alle haben ihre eigenen Sorgen und Nöte, Kinder werden geboren und sterben, Anna, des Vaters Liebling, zieht mit den Ihren nach München, aber die Fäden reißen nie ab, alle laufen zusammen in Wandsbeck, im Haus an der Lübschen Chaussee, beim Vater. Seine meisten Briefe sind an Anna, die ihm seelisch besonders nah ist, gerichtet, und sie handeln von Kriegsläuften wie von Lokalereignissen, von Religion wie von Wochenbettanweisungen, von Hühnerzucht wie von Einquartierung. *Willkommen im Bett, liebe Anna. Ich danke Gott, daß Du da liegst und Dein Kind im Arm hast. Gott lasse es gedeihen und zu Deiner Freude wachsen und groß werden und bringe Dich bald wieder außer Bette. Wir hören von Max, daß Du gottlob keinen Widerwillen gegen Essen und Trinken hast. Eine Wöchnerin ist freilich kein Ernteknecht; aber laß' Dich nur nicht zu knapp halten. Du weißt, daß ich aus Vorsicht und Weisheit Mama bei den ersten Wochen fast habe verhungern und verkommen lassen, und daß sie die letzten, als ich's besser bedachte, daß die Mutter für sich h a b e n und für's Kind h e r g e b e n müsse, und daß aus nichts nichts werde, besser bestanden hat; oft etwas vorgeworfen, aber nicht zuviel auf einmal, das ist ein löblich Ding, das auch Hr. Max loben wird* . . .[164] *Ein andermal ebenfalls an Anna: Die englische Flotte, 50 Schiffe mit Groß und Klein, ist im Sund angekommen, was die will, begreift man nicht; auch wenn sie gegen Rußland gemeint ist, begreift man's doch nicht recht, es sei denn, daß sich bei einer imposanten Position besser negotiieren lassen soll* . . . *Unsere Hühnerzucht hat das Jahr nicht recht gedeihen wollen. Eine Henne hat zweimal gebrütet und in dem zweiten Mal doch 7 lebendige Küchlein zuwege gebracht; sonst hat keine brüten wollen; 400 bis 500 Eier haben sie indessen doch geliefert.*

Wir haben wieder Einquartierung, nun zum dritten Mal, und wieder einen artigen, schicklichen Husaren.[165]

Sowenig sich Matthias Claudius ohne seinen Glauben an Jesus Christus wirklich verstehen läßt, so wenig ohne seine Ehe. Beides zusammen bildete das stabile Widerlager, darin seine Existenz ruhte. Das Leben mit Rebecca war für ihn die Erfüllung des Irdisch-Möglichen; und das Evangelium die Bürgschaft seiner Vollendung und ewigen Dauer. Vom Fortleben nach dem Tode, vom Wiedersehen jenseits des Grabes war er überzeugt, in vielen Briefen hat er diesen Trost ausgesprochen und ihn, als der kleine zweijährige Matthias gestorben war, auch Rebecca gegeben:

> *Die Mutter am Grabe*
> *Wenn man ihn auf immer hier begrübe,*
> *Und es wäre nun um ihn geschehn;*
> *Wenn er ewig in dem Grabe bliebe,*
> *Und ich sollte ihn nicht wiedersehn,*
> *Müßte ohne Hoffnung von dem Grabe gehn –*
> *Unser Vater, o du Gott der Liebe!*
> *Laß ihn wieder auferstehn.*
>
> *Der Vater*
> *Er ist nicht auf immer hier begraben,*
> *Es ist nicht um ihn geschehn!*
> *Armes Heimchen, Du darfst Hoffnung haben,*
> *Wirst gewiß ihn wiedersehn*
> *Und kannst fröhlich von dem Grabe gehn,*
> *Denn die Gabe aller Gaben*
> *Stirbt nicht und muß auferstehn.*[166]

Matthias und Rebecca führten keine idealisch-gesteigerte Ehe wie Wilhelm und Caroline von Humboldt, keine spannungsreich-komplizierte wie August Wilhelm und Caroline Schlegel, ihre Gemeinschaft war nicht «interessant» und nicht «geistreich», sie «diskutierten» nicht, sondern bewältigten gemeinsam den Alltag, der arm und hart, vergnügt und voller kleiner Freuden war, sie sondierten sich nicht «psychologisch», sondern liebten einander. In dieser Ehe gab es keine «Affären», und ihr haftete weder der Ruch der «Herablassung zum Personal» wie im Falle Goethe und Christiane Vulpius an, noch imponierte sie als Arbeitsgemeinschaft wie die Friedrich und Dorothea Schlegels, noch erschien sie in den Glanz

Weihnachten im Wandsbecker Schloß. Von links nach rechts: Perthes, Jacobi, Caroline, Rebecca und Matthias Claudius, Graf Christian zu Stolberg, Graf Friedrich Leopold zu Stolberg. Im Stuhl sitzend: Klopstock

Rebecca im Alter. Silhouette

der Weltbedeutung gehoben wie bei Richard Wagner und Cosima. Wer sich einen Bund von Mann und Frau vorstellen will, gestiftet von Gott und der Natur, gleichermaßen fähig, Sinnesfreuden zu schenken, den Menschheitsbestand zu garantieren, die Gesellschaft zusammenzuhalten und den Staat zu tragen, der mag sich den von Matthias und Rebecca Claudius als Muster denken. Wenn man nach einem Vergleich sucht, fällt einem am ehesten noch Martin Luther mit seiner Katharina von Bora ein.

Diese Ehe war natürlich und gesund, aber sie war nicht primitiv, überhaupt nicht gesellschaftlich «outcast» wie die Goethes oder kleinbürgerlich wie die Adalbert Stifters. Rebecca, das *Bauermädchen*, glich sich ihrem Matthias, der ein geborener Herr war, an, ohne ihre Herkunft aus dem Volk zu verleugnen, ohne «fein» und halbgebildet zu werden. Sie verkehrte ohne Scheu und Krampf mit den hochgelehrten, hochgestellten, hochadeligen Freunden und deren Frauen, mit der Fürstin Gallitzin wie mit den Gräfinnen Stolberg, mit den Familien Herder und Jacobi wie mit den gräflichen Häusern Schimmelmann und Reventlow.

Feste wurden gefeiert wie sie fielen. Wer nicht dabei sein konnte, bekam einen «Kasten» geschickt, den Weihnachts-, Oster-, Maikasten, mit Tee, «Coffee», geräuchertem Schinken, Dorsch oder Wildbret, mit einem Band oder Tuch oder einer Pfeife. Die Zeiten waren wechselvoll, kriegerisch, teuer – dann taten es auch Äpfel. *Lieber Ernst . . . Von dem Weihnachten hier im Hause, weil Du es doch so gern wissen willst, kurz und gut soviel: Du weißt, daß wir dies Jahr viel Äpfel eingesammelt haben. Äpfel waren also die Hauptsache und der ganze Tisch war, bis auf einen Tannenbaum mit Lichtern in der Mitte, damit überladen. Rundum standen freilich auch Teller, war aber nicht viel darauf . . .*[167] Die Stimmung hing von dem Mehr oder Weniger nicht ab. . . . *drei wunderfette und wunderweiße Enten und eine große Wildkeule*[168] wurden mit Appetit verzehrt, über trocken Brot wurde nicht gehadert, Wein schmeckte besser als Wasser[169], für beides wurde Gott gedankt.

Mit immer gleicher Zärtlichkeit, der weder Alltag noch Alter, noch Gewöhnung etwas anhaben konnten, hat Claudius seine Frau geliebt. *Am Sonntag mittag wenigstens hoffe ich mit Gottes Hilfe schon mit Dir zu essen, nachdem ich eine halbe Stunde an Deinem Hals gelegen bin, liebes gutes Mädchen . . .*[170], schreibt der junge Ehemann aus Berlin, 1775. Und der schon etwas ältere aus Breslau 1784: *Und nun, was machst Du, Rebecca? Wir haben Dich gestern abend hergewünscht, bist aber nicht gekommen. Bist Du noch mein liebes Weibl? Und denkst noch an mich? – Grüße Dich herzlich von mir und grüße Caroline und grüße Christiane und grüße Anna und grüße Gustgen und grüße Trinette und grüße Johannes und sei gutes Mutes, will ja wiederkommen zu Dir und freue mich darauf recht von Herzen.*[171] Und wieder fünf Jahre später, August 1789, vom Reventlowschen Gut Emkendorf: *Leb wohl, Du meine liebe Seelen gold Rebecca, ich bleib Dir, was ich von Anfang war, als ich Kundschaft von Dir erhielt . . . Ich hielt mich so still an meinem Geburtstag wie eine Maus und siehe da, wider mein und aller Menschen Vermuten brach Sonnabend der Damm durch und Aufsätze und Musik, Gedichte, Prozessions von Manns- und Weibsleuten, Kränze und Tanz stürzten über mich armen Sünder. Es war alles charmant, nur Du hättest hier sein müssen, daß Du mir hättest helfen können, mich zu schämen. – Addies, ich liebe Dich, Rebecca.*[172] Und nach fünfunddreißigjähriger Ehe bekennt der Siebenundsechzigjährige: *. . . dann danke ich Dir noch heute diesen Tag für das, was Du mir heute Abend vor 35 Jahren sagtest, und schicke Dir dafür ein Myrthen-Kränzlein, da die Myrthe diesen zarten Angelegenheiten geheiligt ist. Die Alten bedienten sich derselben, um Freude und Leid auszudrücken, und so soll obhandenes Kränzlein auf was Dir seit jenem Abend Angenehmes widerfahren ist, jubilieren und, was Dir Unangenehmes geschehen, klagen. Der rote, sich überall durchschlängelnde seidene Faden bedeutet meine Liebe, und der Pfennig der daran hängt, ist ein prophetischer Pfennig und prophezeit eine große Menge Pfennige, die Du noch nicht siehst, liebe, beste Rebecca.*[173]

Wo in der deutschen Literatur hat ein Dichter seinen Kindern so zugerufen?

> *Kommt Kinder, wischt die Augen aus,*
> *Es gibt hier was zu sehen;*
> *Und ruft den Vater auch heraus...*
> *Die Sonne will aufgehen!* —
>
> *Wie ist sie doch in ihrem Lauf*
> *So unverzagt und munter!*
> *Geht alle Morgen richtig auf*
> *Und alle Abend unter!*
>
> *Geht immer und scheint weit und breit*
> *In Schweden und in Schwaben*
> *Dann kalt, dann warm, zu seiner Zeit,*
> *Wie wir es nötig haben.*
>
> *Von ohngefähr kann das nicht sein,*
> *Das könnt Ihr wohl gedenken;*
> *Der Wagen da geht nicht allein,*
> *Ihr müßt ihn ziehn und lenken.*
>
> *So hat die Sonne nicht Verstand,*
> *Weiß nicht, was sich gebühret;*
> *Drum muß wer sein, der an der Hand*
> *Als wie ein Lamm sie führet.*[174]

Claudius hat, wörtlich genommen, das ganze Leben seiner Rebecca umfaßt; selbst als neugeborenen Säugling stellte er sie sich vor und warb drollig schon um das Baby:

> *Wo war ich doch vor dreißig Jahr,*
> *Als Deine Mutter Dich gebar?*
> *Wär ich doch dagewesen!* —
> *Gelauert hätt' ich an der Tür*
> *Auf Dein Geschrei, und für und für*
> *Gebetet und gelesen.*
>
> *Und kam's Geschrei – nun marsch hinein*
> *«Du kleines liebes Mägdelein,*
> *Mein Reisgefährt, willkommen!»*
> *Und hätte Dich denn weich und warm*
> *Zum ersten Mal in meinen Arm*
> *Mit Leib und Seel' genommen.*[175]

Der «Silberbraut» aber brachte er den innigsten und liebevollsten Gruß, den wir von einem Dichter – nicht an seine «unsterbliche Geliebte», sondern an seine gealterte und strapazierte Ehefrau, Mutter von zwölf Kindern, kennen:

> *Ich habe Dich geliebet und ich will Dich lieben,*
> *Solang Du goldner Engel bist;*

Die Silberne Hochzeit. Illustration zur Lebensgeschichte. Tuschzeichnung eines unbekannten Künstlers

In diesem wüsten Lande hier, und drüben
  Im Lande, wo es besser ist.
...
Ich danke Dir mein Wohl, mein Glück in diesem Leben.
  Ich war wohl klug, daß ich Dich fand;
Doch ich fand nicht. Gott hat Dich mir gegeben;
  So segnet keine andre Hand.
...
Sein Tun ist je und je großmütig und verborgen;
  Und darum hoff' ich, fromm und blind,
Er werde auch für unsre Kinder sorgen,
  Die unser Schatz und Reichtum sind.

...
Uns hat gewogt die Freude, wie es wogt und flutet
Im Meer, so weit und breit und hoch! –
Doch manchmal auch hat uns das Herz geblutet,
Geblutet ... Ach, und blutet noch.
...
Heut aber schlag ich aus dem Sinn mir alles Trübe
Vergesse allen meinen Schmerz;
Und drücke fröhlich Dich, mit voller Liebe,
Vor Gottes Antlitz an mein Herz.[176]

DER CHRIST

Mit nichts täte man Matthias Claudius mehr unrecht als mit der Meinung, er sei nur ein «schlichtes Gemüt» gewesen, kindlich fromm und poesiebegabt, ein Volksschriftsteller, eigentlich vorweggenommenes Biedermeier, dazu ein Schuß Zinzendorf und eine Prise Swift. Im Nur liegt das Mißverständnis. Für sich allein bedeutet jedes der aufgezählten Charakteristika eine Verzerrung, zu jedem gehört ein ergänzendes Gegenstück; dann erst erhält das Ganze Sinn. Claudius war ein «schlichtes Gemüt», wenn man darunter versteht, daß er in einer mathematisch-quantifizierenden und rational-qualifizierenden Weltsicht kein Genüge zu finden vermochte, sondern sich nach der Harmonisierung des Zerbrochenen, des Getrennten in der Welt sehnte und zwar – hierin der Droste verwandt – bewußt auf Kosten des selbstherrlichen Verstandes. Er taumelte also nicht dumpf zwischen Irrationalität und Rationalität hin und her, sondern er wußte sie zu unterscheiden, wußte, worum es ging, und traf seine Wahl – schon als junger Mann: *Ich habe von Jugend auf gern in der Bibel gelesen, für mein Leben gern. 's stehen so schöne Gleichnis' und Rätsel d'rin, und 's Herz wird einem darnach so recht frisch und mutig. Am liebsten aber les' ich im Sankt Johannes. In ihm ist so etwas ganz Wunderbares – Dämmerung und Nacht, und durch sie hin der schnelle zückende Blitz! 'n sanftes Abendgewölk und hinter dem Gewölk der große volle Mond leibhaftig! So etwas Schwermütiges und Hohes und Ahndungsvolles, daß man's nicht satt werden kann. 's ist mir immer beim Lesen im Johannes, als ob ich ihn beim Letzten Abendmahl an der Brust seines Meisters vor mir liegen sehe, als ob sein Engel mir's Licht hält und mir bei gewissen Stellen um den Hals fallen und etwas ins Ohr sagen wolle. Ich versteh' lang nicht alles was ich lese, aber oft ist's doch, als schwebt's fern von mir, was Johannes meinte, und auch da, wo ich in einem ganz dunkeln Ort h'nein sehe, hab' ich doch eine Vorempfindung von einem großen herrlichen Sinn, den ich 'nmal verstehen werde, und darum greif' ich so nach jeder neuen Erklärung des Johannes. Zwar die meisten kräuseln nur an dem Abendgewölke, und der Mond hinter ihm hat gute Ruhe.*[177]

Claudius war kindlich fromm, wenn man darunter versteht, daß er die geistige Demut besaß, den Abstand der menschlichen «Schulweisheit» vom Sinnen Gottes, die Kluft zwischen potentiell Erkennbarem und poten-

Sohn Johannes. Anonymes Gemälde

tiell zu Erkennendem als unermeßlich zu gewahren und hinzunehmen. In dem Brief *An meinen Sohn Johannes* hat er, 1799, zusammengefaßt, was es mit dieser Demut, diesem Abstand, dieser Kluft, mit Leben und Glauben überhaupt auf sich hat. *Es ist nichts groß, was nicht gut ist; und nichts wahr, was nicht bestehet. Der Mensch ist hier nicht zu Hause, und er geht hier nicht von ungefähr in dem schlechten Rock umher. Denn siehe nur, alle andre Dinge hier mit und neben ihm sind und gehen dahin, ohne es zu wissen; der Mensch ist sich bewußt, und wie eine hohe bleibende Wand, an der die Schatten vorübergehen. Alle Dinge mit und neben ihm gehen dahin, einer fremden Willkür und Macht unterworfen, er ist sich selbst anvertraut und trägt sein Leben in seiner Hand.* Hier erwächst also aus dem Bewußtsein der Begrenzung und Hinfälligkeit alles Irdischen nicht schlaffe Resignation, sondern ein Selbstgefühl, das den demütigen Stolz kennt, als einziges Lebewesen wollen und wagen zu können. *Hänge Dein Herz an kein vergänglich Ding. Die Wahrheit richtet sich nicht nach uns, lieber Sohn, sondern wir müssen uns nach ihr richten. Was Du sehen kannst, das siehe, und brauche Deine Augen, und über das Unsichtbare und Ewige halte Dich an Gottes Wort.*

Bleibe der Religion Deiner Väter getreu und hasse die theologischen Kannengießer.

Scheue niemand soviel als Dich selbst. Inwendig in uns wohnt der Richter, der nicht trügt, und an dessen Stimme uns mehr gelegen ist als an dem Beifall der ganzen Welt und der Weisheit der Griechen und Ägypter. Nimm es Dir vor, Sohn, nicht wider seine Stimme zu tun; und was Du sinnest und vorhast, schlage zuvor an Deine Stirn und frage ihn um Rat, er spricht anfangs nur leise und stammelt wie ein unschuldiges Kind; doch wenn Du seine Unschuld ehrst, löset er gemach seine Zunge und wird Dir vernehmlicher sprechen ... Lerne gerne von andern, und wo von Weisheit, Menschenglück, Licht, Freiheit, Tugend etc. geredet wird, da höre fleißig zu. Doch traue nicht flugs und allerdings, denn die Wolken haben nicht alle Wasser, und es gibt mancherlei Weise ... Worte sind nur Worte, und wo sie so gar leicht und behende dahinfahren, da sei auf Deiner Hut, denn die Pferde, die den Wagen mit Gütern hinter sich haben, gehen langsameren Schrittes ... Erwarte nichts vom Treiben und den Treibern; und wo Geräusch auf den Gassen ist, da gehe fürbaß. Wenn Dich jemand will Weisheit lehren, da siehe in sein Angesicht. Dünket er sich hoch, und sei er noch so gelehrt und noch so berühmt, laß ihn und gehe seiner Kundschaft müßig. Was einer nicht hat, das kann er auch nicht geben. Und der ist nicht frei, der da will tun können, was er will, sondern der ist frei, der da wollen kann was er tun soll ... Verachte keine Religion, denn sie ist dem Geist gemeint, und Du weißt nicht, was unter unansehnlichen Bildern verborgen sein könne.

Es ist leicht zu verachten, Sohn; und verstehen ist viel besser ... Tue das Gute vor Dich hin, und bekümmre Dich nicht, was daraus werden wird.

Wolle nur einerlei, und das wolle von Herzen ... Werde niemand nichts schuldig, doch sei zuvorkommend, als ob sie alle Deine Gläubiger wären. Wolle nicht immer großmütig sein, aber gerecht sei immer.

Mache niemand graue Haare, doch wenn Du Recht tust, hast Du um die Haare nicht zu sorgen. Mißtraue der Gestikulation und gebärde Dich schlecht und recht ... Tue keinem Mädchen Leides und denke, daß Deine Mutter auch ein Mädchen gewesen ist.

Sage nicht alles, was Du weißt, aber wisse immer, was Du sagest ... Nicht die frömmelnden, aber die frommen Menschen achte und gehe ihnen nach. Ein Mensch, der wahre Gottesfurcht im Herzen hat, ist wie die Sonne, die da scheinet und wärmt, wenn sie auch nicht redet ... Wenn ich gestorben bin, so drücke mir die Augen zu und beweine mich nicht.

Stehe Deiner Mutter bei und ehre sie solange sie lebt, und begrabe sie neben mir.

Und sinne täglich nach über Tod und Leben, ob Du es finden möchtest, und habe einen freudigen Mut; und gehe nicht aus der Welt, ohne Deine

Matthias Claudius

Liebe und Ehrfurcht für den Stifter des Christentums durch irgend etwas öffentlich bezeuget zu haben. Dein treuer Vater.[178]

Da dieses viel zuwenig bekannte Dokument eine zentrale Quelle zum Verständnis des Menschen und des Christen Claudius darstellt, müssen wir näher darauf eingehen. Da ist zunächst die Sprache: aphoristisch, kräftig, bildhaft. *Es ist nichts groß, was nicht gut ist; und nichts wahr, was nicht bestehet.*

Wenn Claudius sagt, daß wir uns *nach der Wahrheit richten müssen*, dann unterstellt er diese als ein von unserem Verstehen und Meinen unabhängiges, außerhalb von uns seiendes und wirkendes Objektives. Er anerkennt zwei gleichgewichtige «Wirklichkeiten», die, die sichtbar, mit Sinnen erfahrbar, mit der Vernunft denkbar ist, und die andere, die verborgen liegt: *Über das Unsichtbare und Ewige halte Dich an Gottes Wort*. Hier klingt noch einmal die große briefliche Auseinandersetzung mit Freund Jacobi über die von Kant postulierte, unerbittliche Scheidung von Wissen und Glauben an, mit der dieser eine tiefere, folgenschwerere innerste Zerreißung des Menschen bewirkt hatte, als es jede politische Revolution vermochte.... *Vor allen Dingen möchte ich Dich fragen,* hatte Claudius sieben Jahre zuvor, 1792, an seinen *lieben Fritz* geschrieben[179], *ob Du meinst, daß Kant sein ganzes System im Ernst selbst glaube. Ich kann es bisweilen kaum meinen. Bei andern Menschen, Philosophen und wes Standes, Denkart und Handwerks sie sonst sind, geht das Treiben immer von Nichts zu Etwas, von Ideen zu Sachen pp. Kant treibt grade umgekehrt von Etwas zu Nichts, er verriegelt und verrammelt sich mit unsäglicher Mühe und Aufwand gegen alle Sachen, um auf der weißen Wand seines reinen Bewußtseins der Laterna Magica obzuliegen und sich an Bildern zu weiden, die nichts in der Welt sind als Bilder und mit nichts in der Welt Ähnlichkeit haben als mit sich selbst.* In seiner drastischen Art hatte er damals das Problem der Kategorienlehre und der apriorischen Erkenntnis auf eine weise Narren-Frage reduziert: ... *Wenn ich ihn* (Kant) *frage, wie Gold und Silber, große Bohnen und Kohl und Rüben es machen, daß sie in der Zeit, die in meinem Kopf ist, wachsen und blühen und reifen werden und, wie sie es machen wollten, wenn mein Kopf und alle Köpfe mit ihnen allezeit weg wären, so wird er freilich sagen, daß sie nur in den Köpfen wachsen und blühen. Aber er gibt doch Dinge zu, durch welche die Erscheinungen veranlaßt werden, von deren eigentlicher Beschaffenheit wir aber nichts wissen, und die also auch nicht in unsern Köpfen sind.*

Claudius wurde nicht müde, seinen «gesunden Menschenverstand», der das Pendant zu seiner strengen biblischen Wortgläubigkeit darstellte, gegen Kants abstrahierende Geistigkeit, aber auch gegen Jacobis Versuch, die Gegensätze zwischen Verstandes- und Gefühlserkenntnis zu systematisieren, zur Geltung zu bringen. Auch darin sah er Lebensferne, wirklichkeitsfremde Künstlichkeit: ... *Hamann,* so erinnert er den Freund, *sagt irgendwo: Die Natur bis auf die ersten Elemente zergliedern wollen, heiße Gottes unsichtbares Wesen ertappen wollen und sei vergebliche Arbeit. Es gibt für die beste Operation Grenzen, binnen welchen sie nur gut ist und über welche hinaus sie in die Luft streicht. Wie ich ein Samkorn in die Erde lege und begieße und sie warte und pflege, so geht es auf, blühet und bringt Frucht – und das ist das Geschäft und die Art der wahren Philosophie. Zerteile ich aber das Samkorn in seine Bestandteile, brenne und destilliere es, so kann ich zwar wohl von sein Öl und Salz viel Theorie und Gerede zuwege bringen, aber kein Wachsen, Blühen und Fruchtbringen und das ist das Geschäft und die Art der falschen Philosophie und alle darin scheinende Tiefe ist Leere und der Schürfstein Spitzstein.*[180]

Mit dieser Haltung steht Claudius in jener langen Tradition «christlicher Weltlichkeit», deren Wurzeln Dietrich Bonhoeffer im 13. Jahrhundert vermutete. «Wann ist diese, von der Renaissance ganz wesensverschiedene ‹Weltlichkeit› eigentlich abgebrochen?» heißt es in einem Brief aus dem Zuchthaus Tegel vom 9. März 1944, «ich glaube bei Lessing – im Unterschied zur westlichen Aufklärung – noch etwas davon zu entdecken, in anderer Weise auch noch bei Goethe und später bei Stifter und Mörike, von Claudius und Gotthelf ganz zu schweigen ...» Der große evangelische Theologe und, was mehr ist, gläubige Christ hat sich immer wieder zu Matthias Claudius als dem Dichter der «christlichen Weltlichkeit» bekannt, für die «zu einer guten Ahnenreihe zu kommen» ihm so wichtig erschien.[181]

*Immanuel Kant.
Zeichnung von
Veit Hans Schnorr
von Carolsfeld.
Königsberg, 1760*

Doch noch einmal zurück zu des «Boten» väterlichem Geleitbrief. *Bleibe der Religion Deiner Väter getreu und hasse die theologischen Kannengießer.* Nicht zufällig wird hier die Mahnung zur Traditionstreue mit der stärksten Verwerfung *und hasse* theologischer Spitzfindigkeit und Rabulistik in einem Satz verknüpft. Denn Claudius weiß: wenn es etwas gibt, das geeignet ist, diese Treue zu zerstören, dann ist es die «wissenschaftliche» (nicht zuletzt gerade die philologische) Auslaugung der auf dem Mysterium ruhenden Heilsreligion zu einem Moral- und Rechtssystem, von dem sich Herz und Gemüt nicht angesprochen fühlen. Für ihn schließt die Anhänglichkeit an das Erbe der Väter Toleranz gegen anderer Christen Anhänglichkeit an anderes Erbe nicht aus, sondern bedingt sie. Deshalb besteht ein Sinnzusammenhang mit der später folgenden Mahnung an den Sohn: *Verachte keine Religion, denn sie ist dem Geist gemeint, und Du weißt nicht, was unter unansehnlichen Bildern verborgen sein könne.* Auch die nichtchristlichen Religionen, die Erkenntnisse und Weisheiten des Ostens sind hier mit einbezogen. Den siebenten Teil seiner *Sämmtlichen Werke* eröffnete Claudius mit einer *asiatischen Vorlesung*, nicht obwohl, sondern weil er in der Pränumerationsanzeige vom 30. September 1802 mitgeteilt hatte: *Es stehet nur wenigen an, dies große Thema zu dozieren; aber auf seine Art und in allen Treuen aufmerksam darauf zu machen; durch Ernst und Scherz, durch gut und schlecht, schwach und stark und auf allerlei Weise an das Bessere und Unsichtbare zu erinnern; mit gutem Exempel vorzugehen und taliter qualiter durchs factum zu zei-*

Friedrich Leopold Reichsgraf zu Stolberg

gen, daß man – nicht ganz und gar ein Ignorant, nicht ohne allen Menschenverstand – und ein rechtgläubiger Christ sein könne ... das steht einem ehrlichen und bescheidenen Mann wohl an. Und das ist am Ende das Gewerbe, das ich als Bote den Menschen zu bestellen habe und damit ich bisher treuherzig herumgehe und allenthalben an Tür und Fenstern anklopfe.¹⁸² Es galt ihm, zu zeigen, daß ein Christ sehr wohl ein gebildeter Mann im Besitz des Wissens seiner Zeit sein konnte und immer kann und daß es, wie es gerade die verschiedenen asiatischen Religionslehren beweisen, ein allen Menschen in allen Zeiten gemeinsames Fundament der Religiosität gibt: *Alle asiatischen Religionen ... gründen sich auf den Fall der Geister, so Engel als Menschen, und sind für diese das Gesetz und der Weg zur Herstellung ... Alle sind übermenschlichen Ursprungs und durch ein himmlisches Wesen geoffenbaret und mitgeteilt worden ... Alle nehmen ein erstes unerforschliches höchstes Wesen an ... Alle nehmen eine wesentliche Gleichheit zwischen dem ersten Wesen und der menschlichen Seele, und die Möglichkeit einer unmittelbaren Kommunikation zwischen beiden und einer transzendentalen Veränderung im Menschen an ... Alle gebieten Streben nach Reinigkeit in Gedanken, Worten und Werken, und den Kampf gegen das Böse und gegen das Prinzipium des Bösen mittelst der Kräfte der Religion ... Alle sprechen von Gottesdienst, Reueempfindung, Büßung, Opfer etc., von einer Dazwischenkunft von Hülf- und Mittelwesen und von Reinigungsmitteln ... Alle haben endlich zugedeckte und durch hieroglyphische Bilder, mythologische Erzählungen, heilige Zeremonien etc. verschleierte Punkte ...*¹⁸³ Gerade vor diesem asiatischen

Rundhorizont wird – und das ist für den Boten der Sinn seiner Darlegung – die Ankunft Christi in der Welt als «die Fülle der Zeit» überzeugend einsehbar.

Die Weite des Claudiusschen Christentums, in der er sich besonders dem Kreis von Münster verbunden wußte – die Schriften des dem Kreis zugehörigen Theologen Johann Friedrich Kleuker über Zend-Avesta und Zoroaster hatten der *asiatischen Vorlesung* mit zugrunde gelegen –, äußerte sich jedoch nicht nur theoretisch, sondern sie bewährte sich menschlich. Es ging um den Übertritt des Grafen Friedrich Leopold zu Stolberg zum katholischen Glauben, am Pfingstsonntag 1800 in der Hauskapelle der Fürstin Gallitzin. Es ist einer der frühesten Fälle, in denen sich die Frontstellung gegen einen übersteigerten Rationalismus, gegen eine die Religiosität im Keim abtötende Aufklärung, gegen eine erst in Pöbel-, dann in Diktaturexzeß umschlagende Revolution als Zuflucht zum letzten allgemein und weithin sichtbaren, scheinbar intakten «Felsen Petri» kundgibt. Stolbergs Konversion wirbelte ungeheueren Staub auf. Am ärgsten gebärdete sich Stolbergs bester Freund Voß. Er, der aus armen, gedrückten Verhältnissen stammte und seine aufgestauten Ressentiments gegen «die herrschende Klasse» trotz oder wegen der jahrzehntelangen Freundschaft mit Männern wie Claudius, Boie, Stolberg, später des vertrauten Umgangs mit Goethe und Schiller, nicht überwinden konnte, vertrat als Privat- wie als Schulmann pronociert den Geist der Feindschaft gegen Christentum und Kirche, den er, wie das häufig der Fall ist, «Geist der überkonfessionellen Duldsamkeit» nannte. Man darf nicht vergessen, daß in dem Kampf der Aufklärung gegen das Konfessionschristentum, dem Intoleranz, oft zu Recht, als wesenhaft eigen zugeschrieben wurde, sich die aus der Vernunft stammende allgemeine Toleranz als die humane Gegenposition verstand. Aus diesem Grund hatten wahrhaft tolerante Christen wie Claudius, die Duldsamkeit als selbstverständlich ansahen, einen schweren Stand zwischen den Lagern.

Voß verlor alle Haltung. Er schrieb das durch ganz Deutschland gehende Pamphlet «Wie ward Fritz Stolberg ein Unfreier?», dann die von Schmähungen strotzende Ode «Warnung an Stolberg», die er sogar dem Exfreund ins Haus schickte. Jeden Verständigungsversuch des Tiefgekränkten, aber doch aus alter Anhänglichkeit Versöhnlichen, wies Voß schroff zurück. Bis ins hohe Alter überließ er sich immer wieder neuen Haßausbrüchen. Doch aber der evangelische Freund Jacobi benahm sich kaum vornehmer als der konfessionslose Voß: in Briefen voller Hohn und Verachtung für den katholischen Glauben, vermischt mit selbstgefälliger persönlicher Beleidigtheit, kündigte er Stolberg die Freundschaft auf. Selbst Klopstock empfing ihn, den er von Kindheit an kannte, nur unter der Bedingung, daß der Religionswechsel nicht erwähnt werden dürfe.

Und Claudius? Er bleibt inmitten des Gelärms völlig gelassen; nicht daß er begeistert wäre, er ist evangelischer Christ und will es bleiben, aber er ist auch des Bibelwortes eingedenk, daß in des Vaters Hause viele Wohnungen sind. Claudius und Rebecca, so berichtet Stolberg, hätten ihm alle herzliche Liebe erzeigt und «in aller Ehre, ja wiewohl nicht ohne Schmerz wegen der Trennung» die Religionsänderung «mit vieler Liebe» erwähnt. «Nun», habe Claudius gesagt, «wir haben einen Herrn Christus und wol-

Johann Heinrich Voß

len gegenseitig uns auffordern, wer ihn von uns beiden am meisten lieben wird.»[184] Die Freundschaft zu Stolberg, der nach Münster übersiedelte und sich dort der «Familia sacra» der Fürstin Gallitzin und Fürstenbergs anschloß, erlitt keinerlei Schaden und blieb bis zu Claudius' Tod bestehen.

Sosehr Claudius seinem Sohn Johannes Glaubenstreue, Demut, Duldsamkeit ans Herz legte – vor allem und über allem, als die Instanz, die das Regiment zu führen hat, steht das Gewissen: den *Richter* nennt er es, *der nicht trügt, und an dessen Stimme mehr gelegen ist, als an dem Beifall der ganzen Welt*... Er weist mit Nachdruck darauf hin, daß es eine Entwicklung und eine Übung des Gewissens gibt, es spricht zuerst nur leise und *stammelt wie ein Kind*, aber wer seine *Unschuld ehrt*, und das heißt seine Ursprünglichkeit von Gott her, dem wird es *vernehmlicher sprechen*. So ist es kein Zufall, daß die *Sämmtlichen Werke* mit den sieben Briefen *Vom Gewissen*, gerichtet an Andres, schließen. Im siebenten Brief heißt es: *Nun, lieber Andres, Du kennst das Glück eines guten Gewissens... es ist im Menschen wie ein Edelstein im Kiesel. Er ist wirklich darin; aber Du siehst nur den Kiesel, und der Edelstein bekümmert sich um Dich nicht.*[185] Das wurde mehr als ein Jahrzehnt nach dem *Brief an Johannes* geschrieben und deckt sich mit dem Rat *Tue das Gute vor Dich hin, und bekümmre Dich nicht, was daraus werden wird*. Und dem anderen Rat: *Erwarte nichts vom Treiben und den Treibern; und wo Geräusch auf der Gassen ist, da gehe fürbaß* entspricht das Wort an Andres: *Mir wird allemal wohl, wenn ich einen Menschen finde, der dem Lärm und dem Geräusch immer so aus dem Wege geht und gerne allein ist. Der, denke ich denn, hat wohl ein gutes*

Gewissen; er läßt die schnöden Linsengerichte stehen und geht vorüber, um bei sich einzukehren, wo er bessre Kost hat und seinen Tisch immer gedeckt findet.[186]

Es ist müßig, darüber zu streiten, welcher theologischen Richtung Claudius zuzurechnen sei. Weder bedeutet seine Bitte, der ererbten Religion treu zu bleiben, ein Bekenntnis zur Orthodoxie, noch drückt die Mahnung, das äußerliche Treiben, den Lärm der Gasse zu meiden, «bei sich einzukehren», eine pietistische Grundhaltung aus. Keine kirchliche Fraktion kann ihn für sich reklamieren, und aus seinen Aufsätzen, Briefen, Darlegungen über die christliche Religion ist keine Munition für «Diskussionen» zu gewinnen. Er hatte «sein Sach» auf Gott gestellt, auf den Gott der Lutherbibel, in deren Auslegung er wiederum auf sich selber stand: seine religiöse Individualität und die großen Glaubenstraditionen der Jahrhunderte sind einen ganz originalen, höchst liebenswerten, aber nicht nachahmbaren Bund eingegangen. Er unterwarf sich ganz und gar dem Rat Gottes und vertraute der «frohen Botschaft», wie er sie in der Heiligen Schrift fand: *In diesem Buch finden wir Nachrichten und Worte, die kein Mensch sagen kann, Aufschlüsse über unser Wesen und über unsern Zustand und den ganzen Rat Gottes von unserer Seligkeit in dieser und jener Welt.*

So hoch der Himmel ist über der Erde, ist dieser Rat über alles, was in eines Menschen Sinn kommen kann; und Ihr könnet diese Schrift nicht hoch und wert genug haben und halten. Doch ist sie, versteht sich, immer nicht die Sache, sondern nur die Nachricht von der Sache.[187] Mit diesen Eingangsworten des *einfältigen Hausvaterberichts über die christliche Religion. An seine Kinder Caroline, Anne, Auguste, Trinette, Johannes, Rebecca, Fritz, Ernst und Franz* bekräftigte er zwar den unvergleichlichen Rang der Bibel, unterschied aber doch *die Nachricht von der Sache* und die *Sache* selbst – was ja nichts anderes heißen kann, als auch für andere «Nachrichten von der Sache» offen zu sein. Sowohl im *Hausvaterbericht*, der mit weit über hundert Bibelstellen belegt ist, wie in der Altersschrift *Das Heilige Abendmahl*[188] hat Claudius immer wieder auf Luther verwiesen. Auf Grund einer tiefen Verwandtschaft zwischen beiden Naturen, was die Art und Weise der zwar immer wieder geistig geprüften, aber nie intellektuell gebrochenen Frömmigkeit anbetrifft – einer Verwandtschaft, die er selbst wohl nicht wußte und bei seiner Bescheidenheit auch verneint hätte –, fühlte er sich zwar als ein Christ im Geiste des Reformators, doch wies er ihm, hierin ganz unbeschwert, einen Platz unter anderen zu: denn eines nur tut not. *Ich glaube einfältig mit der christlichen Kirche: daß ich nicht aus eigener Vernunft und Kraft an Jesum Christum, meinen Herrn glauben oder zu ihm kommen kann . . . und daß es ohne den heiligen Geist keine Besserung, kein Leben und keine Seligkeit gebe. Ohne ihn, Andres, sind wir ja wieder uns selbst gelassen. Und von da gingen wir aus, daß wir uns selbst gelassen nichts können, wir mögen sein Juden oder Heiden oder wer wir wollen; denn in Christo gilt nicht «Beschneidung noch Vorhaut», nicht Bischofsmütze noch Doktorhut, nicht Zwingel* (= Zwingli) *noch Luther, sondern eine «neue Kreatur» wie St. Paulus sagt.*[189]

Dem bleibt im Grunde nichts hinzuzufügen. Es gibt kein Rezept, wie der Mensch eine «neue Kreatur», das heißt: im wieder geheilten Ein-Klang mit Gott stehend, werden könne. Sang der *Wandsbecker Bothe* sein *Ich*

Martin Luther. Gemälde von Lucas Cranach d. Ä., 1532

danke Gott und freue mich . . ., weil er schon durch ein Charisma in diesen Einklang hineingeboren war – oder wurde ihm das Charisma zuteil, weil er sich demütig dafür offenhielt? Es gibt da keine Kausalität, nur Parallelität. Die Freude fließt bei Claudius aus dem Frommsein und das Frommsein aus der Freude, ja wie oft aus ganz handfestem irdischem Humor. Gerade dieser Punkt erscheint von besonderer Bedeutung: alles Grämliche, Säuerliche, Bitterliche, das den Christenglauben, die Kirchlichkeit und vor allem die Christen selbst immer und immer wieder in Verruf gebracht hat – weil es nämlich g e g e n den Kern der «frohen Botschaft» Zeugnis ablegt –, fehlt bei Claudius. Das bedeutet jedoch keinen permanent aufgesetzten Frohsinn. Es gibt bei ihm Verse tiefer Trauer, Verse auch der schwermütigen Sehnsucht:

> *Ich sehe oft um Mitternacht,*
> *Wenn ich mein Werk getan*
> *Und niemand mehr im Hause wacht,*
> *Die Stern' am Himmel an.*

Sie gehn da, hin und her zerstreut
Als Lämmer auf der Flur;
In Rudeln auch und aufgereiht
Wie Perlen an der Schnur;

Und funkeln alle weit und breit,
Und funkeln rein und schön;
Ich seh' die große Herrlichkeit
Und kann mich satt nicht sehn...

Dann saget unterm Himmelszelt
Mein Herz mir in der Brust:
«Es gibt 'was Bessers in der Welt
Als all ihr Schmerz und Lust.»

Ich werf' mich auf mein Lager hin
Und liege lange wach
Und suche es in meinem Sinn;
Und sehne mich darnach.[190]

Diese *Sternseherin Lise*, wie das Gedicht heißt, ist der Dichter selbst, der die Sehnsucht, aber nicht die Verzweiflung kennt. Vielleicht liegt darin begründet, daß er, «literarisch» gewertet, nicht zu den ganz Großen zählt – denn die zahlen immer mit Glück, Hoffnung, Frieden. Der Mensch erlegt da den hohen, oft überhohen Preis für den Künstler. Aber dennoch: wie hier Bilder, die heute niemand mehr zu verwenden wagte, so etwa «die Stern' am Himmel... als Lämmer auf der Flur» oder Wortassoziationen, die heute als infantil gelten, so etwa «funkeln weit und breit, rein und schön» oder «große Herrlichkeit» oder «sich satt sehen» oder der Doppelklang «Schmerz und Lust» – wie sie hier scheinbar mühelos zu einem hauchzarten Gebilde seelischen Hell-Dunkels gewoben werden, ist ein Wunder: Natur und Kunst ineinander aufgehoben.

Claudius war nicht ohne Schwächen. In seinen jungen Jahren machte er ziemlich lange das läppische anakreontische Gereime mit, und sein Stil behielt noch bis in den dritten Teil der *Sämmtlichen Werke* hinein etwas Krampfhaftes und Utriertes. Auch Freunde, die ihn besuchten, beanstandeten das bisweilen. Oft war es nur Scheu und Tarnung. Verletzlichkeit und seelisches Schamgefühl verkleiden sich gerne in derben Scherz oder in Clownerie. Der alte Claudius steigerte sich vielleicht allzusehr in die Rolle des Verteidigers der Religion, des «rechten Glaubens» hinein. Die beiden letzten Teile des *Asmus*, vor allem der achte Teil, werden fast zu Traktatsammlungen. Damit befolgte er zwar selbst, was er seinem Sohn Johannes empfohlen hatte, nämlich nicht aus der Welt zu gehen, ohne vorher *Liebe und Ehrfurcht für den Stifter des Christentums* öffentlich bezeugt zu haben, aber es ging auf Kosten von Farbigkeit und Frische des Werks. Eine gewisse Trockenheit – etwa dem *Wandsbecker Bothen* an sich völlig Wesensfremdes – kennzeichnet seine letzten Arbeiten. Verengung der Thematik, Wiederholungen und sogar gelegentliche Plattheiten[191] waren der Tribut, den auch er an das Alter und die nachlassende Schaffenskraft zu entrichten hatte.

Im Haus Jungfernstieg 22, Hamburg (rechts im Bild), das Perthes gehörte, starb Matthias Claudius. Es brannte 1842 ab. Zeitgenössische Lithographie

Claudius starb mit einer Art frommer Neugier: *Mein ganzes Leben hindurch*, sagte er zum Schwiegersohn Perthes, *habe ich an diesen Stunden studiert, nun sind sie da, aber noch begreife ich so wenig als in den gesundesten Tagen, auf welchem Wege es zum Ende gehen wird.* Er habe, so berichtet Perthes, bis zuletzt auf «eine besondere Hülfe von oben», auf «einen hellen Blick ins Übersinnliche» gehofft, die ihm nicht zuteil geworden seien.[192] Woher konnte der Schwiegersohn das wissen? Doch kümmert es uns auch nicht. Nicht der sterbende Bote, der lebende geht uns an. Ob ihm im Tode eine Vision «von Dort» zuteil wurde, können wir nie erfahren. Uns genügt, daß er im Leben ein Wissen «von Hier» besaß, dessen Salzkorn er uns mitgeteilt hat:

Ich danke Gott und freue mich
  Wie's Kind zur Weihnachtsgabe,
Daß ich bin, bin! und daß ich dich,
  Schön menschlich Antlitz! habe;

Daß ich die Sonne, Berg und Meer
  Und Laub und Gras kann sehen
Und abends unterm Sternenheer
  Und lieben Monde gehen;

Und daß mir denn zumute ist,
  Als wenn wir Kinder kamen
Und sahen, was der heil'ge Christ
  Bescheret hatte, Amen!

Das Grabkreuz in Wandsbek

Ich danke Gott mit Saitenspiel,
 Daß ich kein König worden;
Ich wär' geschmeichelt worden viel
 Und wär' vielleicht verdorben.

Auch bet' ich ihn von Herzen an,
 Daß ich auf dieser Erde
Nicht bin ein großer reicher Mann
 Und auch wohl keiner werde.

Denn Ehr' und Reichtum treibt und bläht,
 Hat mancherlei Gefahren,
Und vielen hat's das Herz verdreht,
 Die weiland wacker waren.

Und all das Geld und all das Gut
 Gewährt zwar viele Sachen;
Gesundheit, Schlaf und guten Mut
 Kann's aber doch nicht machen.

Und die sind doch, bei Ja und Nein!
 Ein rechter Lohn und Segen!
Drum will ich mich nicht groß kastei'n
 Des vielen Geldes wegen.

Gott gebe mir nur jeden Tag,
 Soviel ich darf zum Leben.
Er gibt's dem Sperling auf dem Dach;
 Wie sollt' er's mir nicht geben! [193]

Das ist der Glaube des kanaanäischen Weibes.[194] Da wird der Tod zu *Freund Hain* an *Asmus'* Seite, und das ganze Leben liegt abgebildet in der Kopfleiste der kleinen Wandsbecker Dorfzeitung: eine Eule – ein flötender Knabe – darunter vier zu ihnen emporquakende Frösche. So hatte es der «Bote» haben wollen. Weisheit, Anmut – und viel Gequake. Das Weltgespräch. Matthias Claudius hat ihm gelauscht, es verstanden und daran teilgenommen.

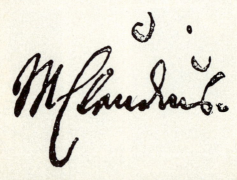

ANMERKUNGEN

Aus Claudius' Werken wird in der vorliegenden Darstellung nach folgenden Ausgaben zitiert:
«Matthias Claudius, Werke. Asmus omnia sua secum portans oder Sämtliche Werke des Wandsbecker Boten». Hg. von Urban Roedl. Cotta Nachf.: Stuttgart 1966 [abgek. CA = Cotta-Ausgabe]
«Matthias Claudius, Sämtliche Werke». Hg. von Jost Perfahl, mit einem Nachwort und einer Zeittafel von Wolfgang Pfeiffer-Belli sowie Anmerkungen und Bibliographie von Hansjörg Platschek. Winkler-Verlag: München 1968 [abgek. WA = Winkler-Ausgabe] (In beiden Ausgaben sind Ort und Zeit der Erstdrucke nachgewiesen.)
Briefzitate nach: «Matthias Claudius, Botengänge. Briefe an Freunde». Hg. von Hans Jessen, 2. veränderte Aufl. 1965 von «Matthias Claudius, Briefe an Freunde». Berlin 1938 [abgek. BJ = Briefe Jessen]
«Matthias Claudius, Asmus und die Seinen. Briefe an die Familie» («Matthias Claudius, Briefe» Bd. II). Hg. von Hans Jessen und Ernst Schröder. Berlin-Steglitz 1940 [abgek. JS2 = Jessen/Schröder 2. Band]
(Schreibweise und Zeichensetzung wurden, wo erforderlich, der heute üblichen angeglichen.)

1 WA 709
2 WA 17 (*Der Schwarze in der Zuckerplantage*, 1773)
3 BJ 79 f (20. September 1771)
4 BJ 119 f (20. Dezember 1774)
5 WA 14 (*Mein Neujahrslied*, 12. Strophe. 1773)
6 CA 793 (*Predigt eines Laienbruders zu Neujahr 1814*)
7 Vgl. Ahnentafel in JS2, 321 f. Schreiben und Ahnennachweis von Archivar F. W. Euler, Leiter des «Instituts zur Erforschung historischer Führungsschichten» in Bensheim (29. März 1971).
8 WA 97 f (*Bei dem Grabe meines Vaters*, 1. und 2. Strophe)
9 JS2 19 (29. September 1780)
10 feuchte Rippenfellentzündung
11 Urban Roedl [Bruno Adler]: «Matthias Claudius. Sein Weg und seine Welt» [1934]. Hamburg 1969. S. 16
12 Roedl, S. 21
13 Vgl. J. H. Merck: «Werke und Briefe». Hg. von Arthur Henkel und Herbert Kraft. Einleitung von Peter Berglar. 2 Bde. Frankfurt a. M. 1968. S. 10 f
14 BJ 13 f (Jena, 18. Oktober 1761. Der Hinweis auf die «Tändeleien» bezieht sich auf Gerstenbergs 1759 erschienenes gleichnamiges Buch.)
15 CA 19 (*Was ich wohl mag*)
16 WA 894
17 Der Titel lautet: *Ob und wieweit Gott den Tod der Menschen bestimme, bei der Gruft seines geliebtesten Bruders Herrn Josias Claudius, der Gottesgelahrtheit rühmlichst Beflissenen, welcher zu Jena den 19ten des Wintermonats 1760 selig verschied, von M. Claudius, der Teutschen Gesellschaft zu Jena ordentlichem Mitgliede*, Jena, gedruckt bei Georg Michael Marggraf.
18 BJ 14 (18. Oktober 1762)
19 BJ 22 (2. Oktober 1763)
20 BJ 150 f (an Herder, 2. August 1775)
21 Roedl, S. 34 f
22 So Richard Newald in «Von Klopstock bis zu Goethes Tod» (6. Band der «Geschichte der deutschen Literatur von den Anfängen bis zur Gegenwart»)

23 Anton Matthias Sprickmann an Herder, 2. August 1775, zit. n. Wolfgang Stammler: «Matthias Claudius, der Wandsbecker Bote». Halle 1915. S. 103
24 BJ 33 f (9. Februar 1767)
25 WA 26 (*An – als ihm die – starb*. Die Vermutung, daß das Gedicht auf den Tod von Claudius' Schwester geschrieben wurde, erscheint begründet. Die genaue Entstehungszeit ist ungewiß.)
26 Vgl. Stammler, S. 34 f
27 Es wurde zwar im Mai 1768 wieder von der Ackermannschen Truppe in Betrieb genommen, aber Lessing, der sich mit Schauspielerinnen überworfen hatte, schied wie auch Löwen aus der Leitung aus.
28 BJ 61 f (ohne Datum. Claudius lernte Herder, der aus Frankreich kommend auf der Reise nach Kiel war, wo er als Prinzenerzieher seinen Zögling in Empfang nehmen sollte, durch Lessing Anfang März 1770 kennen.)
29 Sie entstanden aus einer kritischen Auseinandersetzung mit Lessings 1766 erschienener Schrift «Laokoon». Es sind insgesamt vier «Wäldchen» – der Ausdruck soll das Spontane und Improvisierte der Überlegungen, wie sie einem bei einem Waldspaziergang kommen, wiedergeben –, von denen das letzte erst nach Herders Tod erschien (vgl. Friedrich Wilhelm Kantzenbach: «Johann Gottfried Herder». Reinbek 1970 [= rowohlts monographien. 164].)
30 BJ 62 f (25. März 1770)
31 Zit. n. Hans Reisiger: «J. G. Herder. Sein Leben in Selbstzeugnissen, Briefen und Berichten». Berlin 1942 (Darmstadt 1970). S. 95; Stammler, S. 39, 220 Anm. 41
32 Reisiger, S. 95
33 Stammler, S. 39, 220 Anm. 42 (an Caroline Flachsland, Ende September 1771)
34 CA 817 f
35 CA 828 f
36 CA 88 f
37 WA 775 f
38 Johann Friedrich Graf von Struensee, 1737 in Halle geboren, war Stadtphysikus in Altona, bevor er 1769 Leibarzt König Christians VII. wurde. Er gewann beherrschenden Einfluß auf den geisteskranken Monarchen, unterhielt wahrscheinlich ein Liebesverhältnis mit der Königin Karoline Mathilde und regierte nach der Ausschaltung Bernstorffs 1770 mit unbeschränkter Machtvollkommenheit. Im Sinne der Aufklärung leitete er umfangreiche Reformen auf allen Gebieten ein. Nicht zuletzt deshalb wurde er von der adeligen Hofpartei 1772 gestürzt. Nach Hochverratsprozeß am 28. April 1772 hingerichtet.
39 Zur Geschichte dieses Blattes und zu der des «Wandsbecker Boten» vgl. Stammler, S. 45–63.
40 BJ 77
41 BJ 78 (3. September 1771)
42 BJ 79 f (20. September 1771)
43 Die Trauung geschah auf Grund eines sogenannten «Königsbriefes», eines amtlichen Ehekonsenses, der das Aufgebot ersparte und den Pfarrer zur Eheschließung ermächtigte.
44 BJ 69 f
45 BJ 72 f
46 BJ 84 f
47 BJ 106 f
48 CA 70 f
49 Hierzu A. Kelletat in seinem Nachwort zu «Der Göttinger Hain». Stuttgart

1967. S. 402 f: «Die Herausgeber folgten dem Beispiel eines 1765 in Paris erschienenen ‹Almanach des Muses ou Choix de Poésies fugitives› und schufen damit eine Publikationsart, die fast hundert Jahre lang blühte und für die Dichtung der Klassik und Romantik noch sehr wichtig war: die regelmäßig gegen Jahresende in Sedezformat erscheinende, von einem Kalendarium eröffnete und mit Kupfern, Vignetten und Notenbeilagen gezierte Blütenlese der jüngsten Produktion. Boies Bändchen auf das Jahr 1770 war das erste – ein raffinierter Nachdrucker, dem das Kunststück gelang, mit dem Raub noch vor dem Original auf dem Markte zu erscheinen, vermehrte den Erfolg beim Publikum.»

50 WA 90 (1. und 3. Strophe)
51 CA 880 f
52 Roedl, S. 93
53 BJ 103 f (an Herder)
54 Schon unter dem 24. Oktober 1774 heißt es in einem Brief an Voß: *Da es mit dem Boten nicht weit mehr vom Amen zu sein scheint, so werde ich wohl zu Ostern, pour corriger la Fortune, meine oeuvres sämtlich edieren.* (BJ 113)
55 BJ 117 (an Gerstenberg)
56 WA 9
57 WA 11
58 WA 12
59 BJ 170 f (6. November 1775)
60 BJ 175 (an Herder, 25. November 1775)
61 BJ 178 f (5. Dezember 1775)
62 Roedl, S. 135 f
63 ebd.
64 Vgl. zu diesem Themenkreis: Anm. 13; ferner: Hermann Bräuning-Oktavio: «Johann Heinrich Merck und Herder». Darmstadt 1969, «Goethe und J. H. Merck». Darmstadt 1970; Walter Gunzert: «Friedrich Carl von Moser». In: «Lebensbilder aus Schwaben und Franken» 11. Bd. Stuttgart 1969, «Henriette Caroline (Die Große Landgräfin)». Darmstadt o. J. [1971].
65 Merck, Briefe S. 149 f (vgl. Anm. 13); Cadogan: Haartracht, bei der die Haare des Hinterkopfs, zu einem Knoten gebunden, hochgesteckt wurden.
66 BJ 222 (an Voß, 10. Dezember 1776)
67 BJ 191 (17. April 1776)
68 BJ 216 f (an Voß, 1. Oktober 1776)
69 Stammler, S. 114
70 BJ 196 (an Boie, 18. Mai 1776)
71 BJ 207 f
72 Hierbei sollte Merck, der gelegentlich zu Projektemacherei neigte, helfen: *Wenn sonst nichts ist, so wollte ich Ihnen vorschlagen mit Ernestine hierher zu kommen. Können Sie von einem Buchhändler 80–100 Louisdor haben, desto kürzer, wenn aber auch das nicht, so ist hier so wohlfeil drukken, daß Sie gar keinen Begriff davon haben, und Merck, der im Verlagswesen ungewöhnlich bewandert ist, könnte Ihnen manchen guten Rat geben. Dazu kommt, daß 1 1/2 Stunden von hier in einem äußerst angenehmen Tal ein Dorf liegt, wo Merck ein Haus mit einem großen Obst- und Wein- und Grasgarten gemietet hat und vielleicht kaufen will. In dem Hause will er Ihnen die oberste Etage unentgeltlich einräumen und jährlich 200 Gulden geben. Dafür sollen Sie freilich übersetzen, der Bogen zu 4 Rtlr. gerechnet. Sie haben aber mit keinem Buchhändler und keiner Ungewißheit zu kämpfen, sondern Merck steht Ihnen für die 200 Gulden und verlangt dafür keinen Dank, weil er keinen Schaden dabei hat. Ich*

versichere Sie, das Tal und Haus gefällt mir so wohl, daß ich, wenn ich nicht die Leute, die mich hieher befördert haben, beleidigte, fast geneigt wäre, mich in das Tal hinzusetzen und ganz für mich allein zu sein. Merck hat mir aufgetragen, Ihnen dies zu schreiben, und Sie haben zu tun und zu lassen, was Sie wollen. (BJ 197 [25. Mai 1776])

73 Stammler, S. 117
74 CA 141
75 CA 143
76 BJ 246 f
77 BJ 184 f (2. Februar 1776)
78 CA 963 (Mit dem Wust von Belegstellen aus griechischen Dichtern und Philosophen macht sich Claudius über den gelehrten Unfug lustig, der den simpelsten Gedanken auf die Stelzen eines klassischen Zitates stellen zu müssen glaubte [Roedl].)
79 CA 132 f (Der erste Sohn, das sechste lebende Kind, wurde am 8. Mai 1783 geboren.)
80 CA 158 f
81 CA 161 f (Mit der «Dedizierten Romanze» wird auf das Gedicht *Wandsbeck – eine Art von Romanze ... mit einer Zuschrift an den Kaiser von Japan* angespielt [CA 45 f].)
82 CA 172
83 CA 177
84 WA 156 f (aus *Vorlesung an die Herren Subskribenten* [Asmus III])
85 Roedl, S. 235 f
86 Das Buch war 1775 anonym in Edinburgh erschienen. Saint Martin (1743–1803) war von dem deutschen Mystiker Jakob Böhme beeinflußt, ähnelte im Wesen – nicht in den Einzelheiten der Auffassungen – Hamann und lehrte die intuitive seelische Aneignung der als Christus inkarnierten Wahrheit mit den Mitteln der mystisch-meditativen Versenkung. Claudius übersetzte das Buch aus Neigung, ohne Auftrag von einem Verleger. Unter dem Titel «Irrtümer und Wahrheit» erschien es 1782 bei Löwe in Breslau, der Claudius' Logenbruder war. Während Lavater die dunkle und schwerverständliche, darin auch an Swedenborg gemahnende Schrift des Franzosen rühmte, lehnten nicht nur Goethe, sondern auch Hamann und Herder sie, sehr zum Kummer von Claudius, scharf ab.
87 BJ 317 f (20. Dezember 1781)
88 ebd.
89 CA 50 f
90 WA 876 f
91 WA 877 f
92 WA 878
93 «Goethes Gespräche» I, 85 (Bd. 22 der Gedenkausgabe der «Werke, Briefe und Gespräche», Zürich 1949)
94 «Claudius, der berühmte Wandsbecker Bote, kommt heute an; wir werden also auch diese einzigartige Persönlichkeit sehen, die uns sehr interessiert, aber wir werden sie ohne Dich sehen, was unser Vergnügen sehr mindert.» (25. September 1784) Goethe, Briefe 1764–1786, S. 804 (Bd. 18 der Gedenkausgabe, a. a. O.)
95 Zum Verhältnis Goethe–Jacobi vgl. Heinz Nicolai: «Goethe und Jacobi. Studien zur Geschichte ihrer Freundschaft». Stuttgart 1965 (Bericht über das September-Treffen in Weimar: S. 156 f; über Goethes Einstellung zu Claudius: S. 170 f, 174 f).
96 Der Titel des Xenions ist der Titel des Buches von Saint Martin (vgl. Anm. 86). Daß hier eine fünfzehn Jahre zurückliegende Veröffentlichung noch einmal «aufgespießt» wurde, erscheint verwunderlich. Aber schon am 23.

Oktober 1796 hatte Schiller Goethe mitgeteilt: «Humboldt [der Claudius in Wandsbeck besucht hatte] hofft in acht Tagen hier sein zu können ... von Claudius wisse er durchaus nichts zu sagen, er sei eine völlige Null.» Man muß den übrigens ausgesprochen flauen Ausfall gegen Claudius im Gesamtzusammenhang der «Xenien» sehen. Hier machten sich zwei befreundete Dichter in einer Art von satirisch-sarkastischer «Abrechnung» Luft – Luft von allem, was sie in langen Jahren gedrückt, geärgert, verletzt hatte. Wenn auch Emil Staiger in seiner Einführung (Gedenkausgabe, Bd. 2, S. 641 f) zu Recht bemerkt, daß die «Xenien» großenteils matt, «mühsam im Witz und schwächliche Hiebe» sind und daß beider Dichter, vor allem Goethes, Stärke eben nicht in der geschliffenen Polemik lag, so bleiben die «Xenien» doch zumindest einer der singulären psychologischen Leckerbissen der Literaturgeschichte: eine große Freundschaft erreicht ihren «Lustgipfel» durch eine gemeinsame Total-Aggression gegen die literarisch-intellektuelle Umwelt.

97 Sie erschienen als Einzelschrift bei dem Schwiegersohn Friedrich Christoph Perthes in Hamburg 1797 unter dem Titel: *Urians Nachrichten von der neuen Aufklärung, nebst einigen anderen Kleinigkeiten. Von dem Wandsbecker Bothen.* Näheres zum «Xenien»-Streit s. WA 1053 f.
98 WA 940
99 WA 939
100 WA 942
101 Zur Thematik Fürstin Gallitzin, Kreis von Münster:
1. «Der Kreis von Münster. Briefe und Aufzeichnungen Fürstenbergs, der Fürstin Gallitzin und ihrer Freunde». 1. Teil 1769–1788. Text- und Anmerkungsband. Hg. von Siegfried Sudhof. Münster 1962
2. «Goethe und der Kreis von Münster. Zeitgenössische Briefe und Aufzeichnungen». Hg. von Erich Trunz in Zusammenarbeit mit Waltraud Loos. Münster 1971
102 BJ 376 f (12. Februar 1792)
103 CA 520
104 BJ 360 f (19. Oktober 1787)
105 Erschien als Einzelschrift im Verlage der Proftischen Buchhandlung, Kopenhagen 1789. Claudius hatte sich mit der Abhandlung *Der Küster Christian Ahrendt, in der Gegend von Husum, an seinen Pastor, betreffend die Einführung der Speciesmünze in den Herzogtümern Schleswig und Holstein*, Husum 1788, für die in Aussicht stehende Bankanstellung zu empfehlen versucht.
106 CA 933 f
107 CA 547 f
108 BJ 466 (an Nicolovius, 17. Juni 1814)
109 JS2 319 (21. Dezember 1814)
110 Joseph von Eichendorff: «Werke». München 1959. S. 585. Der Dichter, der seinen Helden noch erzählen läßt, daß er im Garten Plätze mit Namen «Hamburg» und «Wandsbeck» gehabt habe, besuchte im Herbst 1806, achtzehnjährig, Hamburg und Lübeck, jedoch ohne bei Claudius einzukehren. Der Roman «Ahnung und Gegenwart» entstand 1810 bis 1813.
111 CA 18
112 CA 304
113 CA 206 (*Motetto, als der erste Zahn durch war*)
114 BJ 178 (an Herder, 5. Dezember 1775)
115 CA 464 f
116 CA 466 f
117 CA 478
118 CA 479

119 CA 480
120 CA 486
121 WA 459 f; vgl. Anm. 97
122 Ausgangspunkt des Streits war ein Gespräch zwischen Lessing und Jacobi über den Spinozismus, das dieser in seiner Schrift «Über die Lehre des Spinoza in Briefen an den Herrn Moses Mendelssohn» 1785 veröffentlicht hatte. Mendelssohn starb bereits am 4. Dezember 1785 – wie sein Freund und Nachlaßverwalter Johann Jakob Engel behauptete, aus Erregung über Jacobis Publikation. Aus dem Nachlaß Mendelssohns gab Engel eine Entgegnung auf Jacobis Buch heraus. Dieser antwortete, und es entspann sich nun ein mit Pamphleten, Flugschriften, Artikeln aller Art geführter Streit, der schließlich im Gezänk versackte.
Claudius griff in ihn mit dem Beitrag *Zwei Rezensionen etc. in Sachen der Herren Lessing, M. Mendelssohn und Jacobi* ein, der 1786 in Hamburg als Einzelschrift, dann in Teil V des *Asmus* 1790 erschien (vgl. WA 1020, Anm. 348).
123 Hierbei handelte es sich um einen theologischen Streit zwischen einem Vertreter der rationalistischen Richtung, Thieß, von der theologischen Fakultät Kiel, der 1794 ein Buch «Jesus und die Vernunft» veröffentlicht hatte, und dem Vertreter der Orthodoxie, Johann Leonhard Callisen, Generalsuperintendent in Holstein, der mit einer Schrift «Versuch über den Wert der Aufklärung» entgegengetreten war. Auf diese Callisensche Schrift erwiderte August von Hennings 1795 (anonym) in sehr scharfer Weise, wobei er auch Claudius, als dem Lager der Orthodoxie zugehörig, angriff. Der wehrte sich mit einer Gegendarstellung (1796), die wiederum eine weitere von Hennings, ebenfalls anonym, nach sich zog (vgl. WA 1029, Anm. 370).
124 Unter dem Titel *Der unparteiische Correspondent* in «Hamburgische Neue Zeitung» 1796 (vgl. WA 1054, Anm. 943).
125 WA 449
126 Kant lobte die Voßsche «Gegenfabel» in der «Berlinischen Monatsschrift» (Mai 1796) und nannte sie «eine Hekatombe wert». Dafür parodierte ihn Claudius in *Übungen im Stil* unter den Abschnitten *Bedenklicher Stil* und *Galanter Stil* (WA 461; 464).
127 CA 36
128 CA 24 f
129 CA 779
130 CA 272 f
131 CA 100
132 CA 520 (*Der Tod*)
133 CA 521
134 CA 290
135 Bereits im Jahre 1774 war die Redaktion des «Göttinger Musenalmanachs» von Boie an Voß übergegangen. Voß verließ 1775 Göttingen und ebenso den Göttinger Verleger Dieterich. Er zog nach Wandsbeck und gab nunmehr den Almanach in eigener Regie bei Bohn in Hamburg heraus. Dieser Vossische Musenalmanach bestand bis 1800. Dieterich führte den alten Almanach, Boies Gründung, unter der Redaktion von Bürger (1778–94) und danach von Karl Reinhard bis 1803/04 weiter.
136 CA 283; wie das *Kriegslied* durch den Bayerischen Erbfolgekrieg zwischen Österreich und Preußen (1778/79) angeregt wurde, so spielt *Auf den Tod der Kaiserin* auf den Frieden von Teschen (13. Mai 1779) an.
137 CA 264 f
138 WA 809
139 WA 50 f

140 WA 24 (Rezension über Hamanns Schrift «Neue Apologie des Buchstaben H», 1774.)
141 Zwar wandte sich Herder in dieser Schrift gegen jene Aufklärungstheologie, die den biblischen Schöpfungsbericht mit den naturwissenschaftlichen und philosophischen Lehren der Zeit in Einklang zu bringen suchte, aber er setzte dem die Ansicht vom poetischen Charakter der biblischen Aussage entgegen. Damit konnte Claudius nicht einverstanden sein (vgl. WA 1004, Anm. 35).
142 Herder nahm an, daß die Geschichte der Menschheit – als eines Ganzen – evolutionär im Sinne eines göttlichen Planes verlaufe. Er bezog damit eine der beiden Eckpositionen des Geschichtsverständnisses. Auf ihr bauen die romantische Geschichtsauffassung, die historische Rechtsschule Savignys und der Historismus des 19. Jahrhunderts auf. Demgegenüber nahm das Aufklärungsdenken nur den Fortschritt des einzelnen an und ging von dem Vorhandensein einer zu allen Zeiten gleichermaßen existenten, von der Historizität unabhängigen Vernunft aus. Claudius nahm hier, wenn auch nicht klar definiert, eine Mittelstellung ein (vgl. WA 1014, Anm. 108).
143 WA 78 f
144 BJ 162 f (28. September 1775)
145 WA 116 f. Lavaters Charakterdeutungen nach der Physiognomie – wozu ihm schon eine Silhouette genügte – waren damals die große Mode. In seinen «Fragmenten» hatte er auch Claudius, auf Grund des Schattenrisses, beschrieben: «Weder Schwachkopf noch Scharfkopf. Gesunder, schlichtguter ... aber durchaus nicht fortdringender, reihender, gliedernder Verstand. Hell und richtig und rein wird er sehen und richten, was vor ihn kömmt, den Reichen als den Armen ... Niemand zulieb und zuleid. Kurz! schlecht und recht! einfältig und gerade! Genie des Wahrheitssinnes! Genie des Herzens ...» (zit. n. WA 1015, Anm. 116).
146 Der Titel lautet: *Reisen des Cyrus, eine moralische Geschichte, nebst einer Abhandlung über die Mythologie und alte Theologie, von dem Ritter von Ramsay, Doktor der Universität von Oxford. Aus dem Französischen übersetzt von Matthias Claudius, mit einer Vorrede des Asmus.* Breslau bei G. Löwe, 1780. Allan Ramsay, ein Schotte, war von Fénelon zum Katholizismus bekehrt worden (vgl. CA 291 f; 966).
147 Teil V des *Asmus*. Claudius liebte den sokratischen Dialog und wandte ihn selbst an, zum Beispiel in *Gespräche die Freiheit betreffend* (*Asmus* V) und *Morgengespräch zwischen A. und dem Kandidaten Bertram* (*Asmus* VIII).
148 *Asmus* VII. Claudius übersetzte nach der Ausgabe «The Works of Francis Bacon Baron of Verulam, Viscount St. Alban, and Lord High Chancellor of England», London 1753, in Fol. Vol. II. p. 365 f.
149 *Asmus* VII. *Aus Newtons Observationen zum Propheten Daniel, das 11. Kapitel, darin er die Zeiten der Geburt und der Leiden Christi zu bestimmen sucht.* Claudius übersetzte nach der Ausgabe «Isaaci Newtoni equitis aurati opuscula mathematica philosophica et philologica etc.» Lausannae et Geneves, 1744, in 4to, Tom, III. p. 377.
150 WA 572
151 François de Salignac de La Mothe-Fénelon (1651–1715) wurde, nachdem er durch seine Schrift «Über Mädchenerziehung» (1687), durch Bekehrung von Hugenotten und Predigten in Paris bekanntgeworden war, von Ludwig XIV. zum Erzieher seiner Enkel bestellt. Durch den Roman «Die Abenteuer des Telemach» (1699), einen Reise- und Liebesroman, der ein utopisches Königreich ohne Krieg, Willkür und Luxus entwarf, dementsprechend als Kritik am Regierungsstil Ludwigs XIV. verstanden und

verboten wurde, kam es zum Bruch mit dem Hof. Entscheidend für sein Leben wurde die theologische Auseinandersetzung mit Jacques-Bénigne Bossuet (1627–1704), in der sich die nach innen gewandte, die Einzelseele in den Mittelpunkt rückende («quietistische») und die aktive, der Welt zugewandte, die Kirchengemeinschaft betonende Religiosität gegenüberstanden.

152 WA 541 f
153 BJ 80 f
154 CA 28
155 CA 150 f
156 CA 246 f
157 CA 254 f
158 *Wir Wandsbecker an den Kronprinzen, den 10. Julius 1778*; *Als der Sohn unseres Kronprinzen gleich nach der Geburt gestorben war*, 1791; *Kron' und Szepter*, 1792; *Wiegenlied für I. M. die Königin von Dänemark*, 1808; *An des Königs Geburtstag, den 28. Januar 1812*.
159 CA 270 f
160 CA 289 f
161 JS2 30 (7. September 1793)
162 JS2 83 f (12. September 1799)
163 JS2 238 (Dezember 1807)
164 JS2 271 f (23. März 1804)
165 JS2 230 f (8. August 1807)
166 CA 345
167 JS2 241 (27. Januar 1808)
168 JS2 250 f (an Anna, 7. Januar 1803)
169 An Wein fehlte es übrigens Claudius in der Regel nicht: Sein *Rheinweinlied*, das 1776 im «Vossischen Musenalmanach» erschienen und dann in den Teil III des *Asmus* aufgenommen worden war, mit den Versen: *Am Rhein, am Rhein, da wachsen unsre Reben;* / *Gesegnet sei der Rhein!* / *Da wachsen sie am Ufer hin und geben* / *Uns diesen Labewein.* / *So trinkt ihn denn und laßt uns alle Wege* / *Uns freun und fröhlich sein!* / *Und wüßten wir, wo jemand traurig läge,* / *Wir gäben ihm den Wein* trug ihm als Dank rheinischer Winzer jährlich eine Kiste Wein ein und war lange Zeit sein populärstes Gedicht.
170 JS2 17 f
171 JS2 21 (8. September 1784)
172 JS2 24 f. Auf Emkendorf, dem Gut des Grafen Fritz von Reventlow, eines der engen Freunde Jacobis, das «den geistigen Mittelpunkt Holsteins» (JS2 10 f) bildete, hatte Claudius seinen Geburtstag gefeiert. Anschließend besuchte er Voß und Friedrich Leopold zu Stolberg in Eutin (JS2 324).
173 JS2 232 (16. September 1807). Der 16. September 1771 war der Verlobungstag; die Hochzeit hatte am 15. März 1772 stattgefunden. Claudius vermengt hier irrtümlich die beiden Ereignisse.
174 CA 494 f (1. bis 5. Strophe)
175 CA 294 f (1. und 2. Strophe). Auch hier unterlag Claudius einem Irrtum, wenn man so nennen will, was auch dichterische Freiheit heißen kann: Rebecca war, als er das Gedicht schrieb, erst 28 Jahre alt.
176 CA 519 (*An Frau Rebecca, bei der silbernen Hochzeit, den 15. März 1797*)
177 WA 18. Mit dieser Besprechung des Buches «Paraphrasis Evangelii Johannis etc.» von Johann Salomo Semler distanzierte sich Claudius von der nun einsetzenden Epoche theologisch-wissenschaftlicher Bibelkritik.
178 WA 545 f, erschienen als Einzeldruck bei Friedrich Christoph Perthes, Hamburg 1799, dann aufgenommen in Teil VII des *Asmus*. Claudius hat diesen «Brief» als Weggeleit für seinen ältesten Sohn Johannes verfaßt, als dieser das Elternhaus verließ.

179 BJ 372 f (9. Februar 1792)
180 BJ 379 f (9. März 1792)
181 Dietrich Bonhoeffer: «Widerstand und Ergebung. Briefe und Aufzeichnungen aus der Haft». Hg. von Eberhard Bethge. Neuausg. München 1970. S. 257 f. Bonhoeffer besaß ein persönlich geprägtes Verhältnis zu Claudius; wiederholt wies er auf den christlichen Gehalt von Gedichten wie *Abendlied, Der Mensch*, ganz besonders aber wie *Täglich zu singen* hin; vgl. Rundbrief vom 1. März 1942: «Ich werde nie vergessen, daß er [G. V.] mich das Claudius-Lied: ‹Ich danke Gott und freue mich...› gelehrt hat und mit seinem Leben eine überzeugende Auslegung dieses Liedes gegeben hat.» («Gesammelte Schriften» Bd. 2: «Kirchenkampf und Finkenwalde. Resolutionen, Aufsätze, Rundbriefe 1933–1943». München 1965. S. 583.)
182 WA 498
183 WA 531 f; 1035, Anm. 499
184 Zit. n. Roedl, S. 299
185 WA 690
186 ebd.
187 WA 573. Der *Einfältige Hausvaterbericht*, der auch als Einzeldruck 1804 bei Perthes erschien, steht zusammen mit dem *Brief an meinen Sohn Johannes* im 7. Teil des *Asmus*. Claudius schrieb ihn, als die beiden Töchter Caroline, 1797, und Anna, 1798, heirateten und das Elternhaus verließen.
188 Als Einzeldruck bei Perthes, Hamburg 1809. Aufgenommen in *Asmus* VIII.
189 WA 271 in Vierter Brief der *Briefe an Andres, Asmus* IV. Mit diesem Teil setzte die verstärkte Hinwendung zur religiösen Thematik ein.
190 CA 665
191 So das Lied *Die zurückgekehrten Vaterlandskämpfer, 30. Juni 1814*, eine Nachbildung des Reiterliedes «Wohlauf, Kameraden, aufs Pferd, aufs Pferd...» in Schillers «Wallensteins Lager», 11. Auftritt.
192 Roedl, S. 334
193 CA 178 f
194 Mt. 15, 22–28; Mk. 7, 24–30

Einer besonderen Bemerkung bedarf das literarische Problem der Dreiheit von Asmus – Andres – Vetter im Claudiusschen Werk. Alle drei sind der *eine* Dichter, der sich als Schriftsteller und Bote «Asmus» nennt, aber zugleich sich auch in den kontrastierenden und doch ergänzenden, bisweilen den «Leser» darstellenden Gestalten des «Vetters» und des Freundes «Andres» verkörpert. Die beiden letzteren wiederum sind zwar nicht durchaus ein und dieselbe Person, aber sie sind wesensgleich. So darf Urban Roedl in seinem Nachwort zur Cotta-Ausgabe der Claudius-Werke mit Recht vom «Freund und Vetter Andres» sprechen – eine Version, die, da sinnvoll, die vorliegende Monographie übernommen hat. Bereits Wilhelm Herbst hat in seiner Claudius-Biographie nicht immer scharf zwischen dem «Vetter» und «Andres» unterschieden, und auch dem unbefangenen Leser von heute fließen die beiden ineinander. Carl Redlich legte in seiner Einleitung zu «Matthias Claudius, Briefe an Andres», erschienen bei F. A. Perthes in Gotha 1873, ihre Zweiheit philologisch dar.

ZEITTAFEL

1740	Matthias Claudius am 15. August in Reinfeld (Holstein) geboren
1751	Tod von drei Geschwistern innerhalb eines Jahres
um 1755	Lateinschule in Plön
1759–1762	Student in Jena, zusammen mit dem Bruder Josias, der am 19. November 1760 stirbt
1762	Matthias Claudius verläßt Jena und kehrt nach Reinfeld zurück, ohne seine Studien abgeschlossen zu haben
1763	Erste Veröffentlichung: *Tändeleien und Erzählungen* (2. Aufl. 1764)
1764/65	Als Sekretär des Grafen Holstein in Kopenhagen; im Kreise des dänischen Staatsministers Johann Hartwig Ernst Graf von Bernstorff; Bekanntschaft mit Friedrich Gottlieb Klopstock
1765–1768	Bei den Eltern in Reinfeld
1766	Tod der Schwester Dorothea Christine
1768	Beginn der redaktionellen Tätigkeit bei den «Hamburger Adreß-Comptoir-Nachrichten»; Bekanntschaft mit Carl Philipp Emanuel Bach und Gotthold Ephraim Lessing
1770	Im März erste Begegnung mit Johann Gottfried von Herder
1771–1775	Redakteur des «Wandsbecker Boten»
1772	Hamburger Kirchenstreit zwischen den Pastoren Alberti und Goeze; am 15. März heiratet Claudius Anna Rebecca Behn (geb. 1754) aus Wandsbeck; 30. September: das erste Kind Matthias geboren, das wenige Stunden später stirbt
1773	4. Dezember: Tod des Vaters
1774	Am 7. Februar Tochter Maria Caroline Elisabeth geboren; im Mai Beginn des Briefwechsels mit Johann Georg Hamann; Subskriptionsanzeige der *Sämmtlichen Werke* (*Asmus omnia sua secum portans*)
1775	Teil I und II der *Sämmtlichen Werke* erscheinen; Claudius wird als Redakteur des «Wandsbecker Boten» entlassen; am 12. November Tochter Christiane Marie Auguste geboren; Reise nach Berlin, Bekanntschaft mit Christoph Friedrich Nicolai und Christian Graf von Haugwitz
1776/77	Durch Vermittlung Herders Oberlandcommissarius in Darmstadt; auf der Reise nach Darmstadt Besuch bei Herder in Bückeburg; Bekanntschaft mit Johann Heinrich Merck und Maler Müller
1777	Januar–März: Redakteur der «Hessen-Darmstädtischen privilegierten Landzeitung»; Kündigung durch den Minister Friedrich Karl Freiherr von Moser; Rückkehr nach Wandsbeck am 4. Mai; am 4. Juni Tochter Anna Friederike Petrine geboren
1778	Teil III der *Sämmtlichen Werke* (= *Asmus*)
1779	Am 2. September Tochter Auguste geboren
1780	21. September: Tod der Mutter
1781	16. Mai: Tochter Johanna Catharina Henriette geboren
1783	Am 8. Mai der erste Sohn Johannes geboren; Teil IV des *Asmus*
1784	Reise nach Schlesien; auf der Rückreise Begegnung mit Goethe und Jacobi in Weimar; am 15. Dezember Tochter Rebecca geboren
1785	Der dänische Kronprinz Friedrich setzt Claudius eine Jahrespension aus
1786	Sohn Matthias geboren, der 1788 stirbt
1788	Durch Vermittlung des dänischen Kronprinzen Erster Revisor der Altonaer Species-Bank; im Spätsommer Reise mit Jacobi durch Holstein

1789	Beginn der Französischen Revolution; im Mai Sohn Fritz geboren
1790	Teil V des *Asmus*
1792	Sohn Ernst geboren
1793	Besuch der Fürstin Gallitzin in Wandsbeck; Begegnung mit Lavater
1794	Jacobi ein Jahr lang Nachbar in Wandsbeck; Claudius und seine Frau reisen zur Kur nach Bad Pyrmont; im Dezember Sohn Franz geboren
1796	Tod der Tochter Christiane Marie Auguste am 2. Juli; Bekanntschaft mit Friedrich Christoph Perthes; Besuch Wilhelm von Humboldts in Wandsbeck
1797	Der «Xenien»-Streit; in Anwesenheit von Klopstock Feier der Silbernen Hochzeit am 15. März; am 2. August heiratet die Tochter Maria Caroline Elisabeth den Verleger Friedrich Christoph Perthes
1798	Teil VI des *Asmus*; am 16. Mai heiratet Anna Friederike Petrine Max Jacobi, den Sohn von Friedrich Heinrich Jacobi
1799	Sohn Johannes tritt als Lehrling in eine Hamburger Großhandlung ein, die er 1801 verläßt, um in Schulpforta sich auf den geistlichen Beruf vorzubereiten
1803	Teil VII des *Asmus*
1807	Letztes Zusammensein mit den Brüdern Stolberg in Wandsbeck
1810	In der Zeitschrift «Vaterländisches Museum» des Schwiegersohns Perthes erscheinen Beiträge von Claudius; Tod Philipp Otto Runges, der seit 1804 mit Claudius bekannt war; Verbindung zu Romantikern
1812	Teil VIII des *Asmus*; Mitarbeit an Friedrich Schlegels «Deutschem Museum»
1813/14	Auf der Flucht vor den Kriegswirren; Aufenthalt in Kiel und Lübeck; Bekanntschaft mit dem romantischen Maler Johann Friedrich Overbeck; am 8. März 1814 Rückkehr nach Wandsbeck; im Dezember wegen Verschlechterung des Gesundheitszustandes Übersiedlung nach Hamburg in das Haus seines Schwiegersohns Perthes
1815	Am 21. Januar stirbt Matthias Claudius dort; die Beisetzung erfolgt am 25. Januar in Wandsbeck an der Seite seiner Tochter Christiane Marie Auguste
1832	Tod von Anna Rebecca Claudius am 26. Juli in Wandsbeck

ZEUGNISSE

Johann Heinrich Merck

Wir haben nun Claudius; ein treflicher sehr selbstständiger Mensch –
sagen Sie Goethe – so ohngefähr wie Klopstock im äussern, nur mehr
Poetische Laune u. Leichtigkeit. Er ist derb, kalt, u. schlägt allen Leuten
in die Augen... weiß übrigens nichts was Geld u. Gut ist, und ist überhaupt sehr brav – Nichts von der weisen garstigen Almanachie, und dem
Todtengewimmer, sondern ist sehr lustig – hält die KönigsSau in einem
großen Respekt, geht ohne Stok u. Degen u. Puder mit dem blosen
Cadogan zum Praesidenten, u. der kans doch nicht übel nehmen, spielt
ein herrliches Clavier u. s. w.

An Wieland, Anfang Mai 1776

Johann Wolfgang von Goethe

Mit den Genannten [Claudius, Lavater, Jacobi] war unser Verhältniß
nur ein gutmüthiger Waffenstillstand von beiden Seiten, ich habe das
wohl gewußt, nur was werden kann, kann werden. Es wird immer
weitere Entfernung und endlich, wenn's recht gut geht, leise, lose Trennung werden. Der eine [Claudius] ist ein Narr, der voller Einfaltsprätensionen steckt. «Meine Mutter hat Gänse» singt sich mit bequemerer
Naivetät als ein: «Allein Gott in der Höh' sei Ehr.»

Italienische Reise (an Herder). 5. Oktober 1787

Wilhelm von Humboldt

Humboldt hoft in 8 Tagen hier seyn zu können... Stolbergen, schreibt
er, habe er in Eutin nicht gefunden, weil er gerade in Coppenhagen
gewesen sey, und von Claudius wisse er durchaus nichts zu sagen, er sey
eine völlige Null.

Schiller an Goethe. 28. Oktober 1796

Friedrich von Matthisson

Claudius gehört zu den wenigen in der deutschen Gelehrtenrepublik
namhaften Sterblichen, wo Mensch und Schriftsteller die nämliche Person ausmachen und wo man den einen eben so lieb gewinnen kann, als
den andern.

Erinnerungen. 1810

Joseph von Eichendorff

Weit entfernt von dieser Unruhe, von diesem Schwanken zwischen Angst und maßlosem Vertrauen, ist Matthias Claudius, der wackere Wandsbecker Bote, der zwischen Diesseits und Jenseits unermüdlich auf- und abgeht und von allem, was er dort erfahren, mit schlichten und treuen Worten fröhliche Botschaft bringt. Er gehört allerdings zu den Pietisten jener Zeit, insofern auch bei ihm ein starkgläubiges Gefühl den Kampf gegen Unglauben und toten Buchstabenglauben aufgenommen; aber er ist durchaus heiter, und erscheint unter ihnen wie einer, der gefunden hat, was jene so rastlos suchen. Wie der Abendglockenklang in einer stillen Sommerlandschaft, wenn die Ährenfelder sich leise vor dem Unsichtbaren neigen, weckt er überall ein wunderbares Heimweh, weiß aber mit seinen klaren Hindeutungen dieses Sehnen, wie schön oder vornehm es in Natur oder Kunst sich auch kundgeben mag, von dem Ersehnten gar wohl zu unterscheiden.
Geschichte der poetischen Literatur Deutschlands. 1857

Stefan George

Ein ander Mal kam Wolfskehl mit einem Gedicht, das er als eines der besten zwischen Goethe und Hölderlin pries. Er las es: Der säemann säet den samen... George, manchmal skeptisch gegen Wolfskehls Überschwang, stimmte in sein Lob ein und fragte nach dem Verfasser, Matthias Claudius. «Claudius, quelle adresse!» – Das Gedicht wurde aufgenommen, der Name nicht... Kein einziger der vielen «sachverständigen» Rezensenten hats bemerkt, obwohl der Trick – und nicht dieser allein – typographisch sichtbar gemacht ist. [Vgl. Deutsche Dichtung. Bd. 3. Das Jahrhundert Goethes. Berlin 1902. S. 4 f.]
Edgar Salin: Um Stefan George. 1954

Karl Kraus

Von einem der allergrößten deutschen Dichter, Matthias Claudius... hier einiges, zur Mahnung, in welcher Zeit wir leben. (Sollte ein Volk, dem ein solcher Dichter verschollen ist, das ihn im Lesebuch begraben hat und so von ihm weglebt, nicht reif für Zwangsarbeit sein?)
Die Fackel. Januar 1917

Hugo von Hofmannsthal

Ob es lauter große Schriftsteller sind, die wir ausgewählt haben? Der gute Matthias Claudius und Uli Bräker aus Toggenburg möchten dagegen eingewandt werden, aber ganz gering sind auch sie nicht: wie vermöchten sie sonst, sich nach hundertundfünfzig Jahren in der Gesellschaft der Großen zu behaupten?
Deutsches Lesebuch. Vorrede. 1922

DIETRICH BONHOEFFER

Das Gebot Gottes erlaubt dem Menschen als Mensch vor Gott zu leben. Als Mensch, nicht als Subjekt ethischer Entscheidungen, als Student der Ethik. Was das umschließt, sagen wir am besten mit den Versen, die Matthias Claudius unter der Überschrift «Der Mensch» («Empfangen und genähret / Vom Weibe wunderbar...») geschrieben hat... Die Zeitlichkeit, die Fülle und die Hinfälligkeit des menschlichen Lebens hat hier einen unvergleichlichen Ausdruck gefunden.
Das «Ethische» und das «Christliche» als Thema. 1942/43

THOMAS MANN

Aber zuweilen hat viel Schlichteres, Weicheres (als ein Gasel Platens) den Vorrang – wobei vor allem Matthias Claudius nicht zu vergessen ist mit seinem «Diese Leiche hüte Gott», seinem «Der Mond ist aufgegangen»... Darüber geht im Grunde nichts.
Das Lieblingsgedicht. 1948

DIETRICH FISCHER-DIESKAU

Im November 1816 kam Schubert eine Gedichtsammlung des Matthias Claudius zu Gesicht, und er wählte daraus eine ganze Reihe von Texten zu Vertonungen... Die Einfachheit seiner Dichtungen setzte sich bewußt von gelehrtem Bildungsdünkel und Unnatürlichkeit ab... Die Frische und Anschaulichkeit seiner Gedichte regte viele Komponisten seiner Zeit zu Vertonungen an, so auch Beethoven mit dem Scherzgedicht «Urians Reise um die Welt».
Auf den Spuren der Schubert-Lieder. 1971

BIBLIOGRAPHIE

Die folgende Bibliographie stellt eine Auswahl dar. Sie enthält keine kritische Wertung. Verzichtet wurde bei den Werkausgaben auf die Verzeichnung der zahlreichen Auswahleditionen sowie der Einzel- und Wiederabdrucke von Werken in Zeitschriften, Musenalmanachen usw. und bei den Lebenszeugnissen auf die Einzeldrucke von Briefen vor 1938 sowie auf die Reiseberichte der zahlreichen Besucher zu Lebzeiten von Claudius in Wandsbeck. Bei der gesamten Sekundärliteratur blieben allgemein literargeschichtliche Übersichtsdarstellungen sowie die zahlreichen kurzen Miscellen in Zeitschriften und Zeitungen unberücksichtigt. Dazu sei auf die im folgenden genannten Bibliographien verwiesen. Stand der Bibliographie: Februar 1972.

1. Bibliographien, Literaturbericht

GOEDEKE, KARL: Matthias Claudius. In: GOEDEKE, Grundriß zur Geschichte der deutschen Dichtung. Bd. 4,1 (3. Aufl. 1916). S. 973–983

PLATSCHEK, HANSJÖRG: Bibliographie. In: Matthias Claudius, Sämtliche Werke. München 1968. S. 1057–1067

SCHRÖDER, CHRISTEL MATTHIAS: Alte und neue Matthias Claudius-Literatur. In: Protestantenblatt 74 (1941), S. 153–156

2. Werke

a) Gesamtausgaben

Asmus omnia sua secum portans, oder Sämmtliche Werke des Wandsbecker Bothen, I. und II. Theil. Hamburg 1775 – III Theil. Breslau [1/78] Ö IV. Theil [1783] – V. Theil. Hamburg [1/90] – VI. Theil. [1798] – VII. Theil [1803] – Zugabe zu den Sämmtlichen Werken des Wandsbecker Bothen; oder VIII. Theil. 1812 – 10. (Stereotyp-)Aufl. revidiert, mit Anm. und einer Nachlese vermehrt von CARL REDLICH. 2 Bde. Gotha 1879

Matthias Claudius' Werke. Chronologisch geordnet, mit Angabe der ursprünglichen Lesarten, einer biographischen Einl. und erklärenden Bemerkungen, hg. von GEORG BEHRMANN. Leipzig [1907]

Werke. (Hg. von BRUNO ADLER.) 3 Bde. Weimar 1924

Werke. Ein Wort zur Einf. in seine Werke von HERMANN CLAUDIUS. 2 Bde. Dresden [1938]

Sämtliche Werke des Wandsbecker Boten. (Eingel. von PETER SUHRKAMP.) 3 Bde. Berlin [1941] (Pantheon-Ausgabe)

Asmus, omnia sua secum portans, oder Sämtliche Werke des Wandsbecker Boten. Hg. von URBAN ROEDL [d. i. Bruno Adler]. Stuttgart 1954

Sämtliche Werke. Gedichte, Prosa, Briefe in Auswahl. Hg. von HANNSLUDWIG GEIGER. Berlin–Darmstadt 1958 (Tempel-Klassiker)

Werke des Wandsbecker Boten. Hg. und erl. von GÜNTER ALBRECHT. Mit Zeichnungen von LUDWIG RICHTER. 2 Bde. Schwerin 1958

Sämtliche Werke. (Nach dem Text der Erstausgaben und den Originaldrucken samt den 10 Bildtafeln von Chodowiecki und den übrigen Illustrationen der Erstausgaben. Verantwortlich für die Textred.: JOST PERFAHL. Mit einem Nachwort und einer Zeittafel von WOLFGANG PFEIFFER-BELLI sowie Anm. und Bibliographie von HANSJÖRG PLATSCHEK.) München 1968

b) Erstdrucke

Ob und wie weit Gott den Tod der Menschen bestimme, bey der Gruft seines geliebtesten Bruders Herrn Josias Claudius der Gottesgelahrtheit rühmlichst Beflissenen welcher zu Jena den 19ten des Wintermonats 1760 seelig verschied von M. Claudius, der teutschen Gesellschaft zu Jena ordentlichem Mitgliede. Jena

An unsre Schwester, bey ihrer Verbindung mit dem Herrn Pastor Müller, im November 1762. Lübeck [S. 1 f: Da kömmt der festliche Tag...]

Tändeleyen und Erzählungen. Jena 1763

Eine Disputation zwischen dem Herrn W-. und X-. und einem Fremden über H. Pastor Alberti. Anleitung zum Gespräch über die Religion und über H. Pastor Goeze ... [Hamburg] 1772

Wandsbeck, Eine Art von Romanze, von Asmus pro tempore Bote daselbst. Mit einer Zuschrift an den Kaiser von Japan. August 1773

Ein Lied, nach dem Frieden 1779

Ein Lied vom Reiffen, d. d. den 7. Dec. 1780

Weynacht-Cantilene. In Musik gesetzt von Johann Friedrich Reichardt, 1784. Copenhagen

Zwey Recensionen etc. in Sachen der Herren Leßing, M. Mendelssohn, und Jacobi. Hamburg 1786

Wir Wandsbecker an den Cronprinzen d. 10ten Julius 1787

Der Küster Christen Ahrendt, in der Gegend von Husum, an seinen Pastor, betreffend die Einführung der Speciesmünze in den Herzogthümern Schleswig und Holstein. Husum 1788

Politische Correspondenz zwischen dem Küster Ahrendt, und dem Verwalter Olufsen, insonderheit die Kriegssteuer betreffend. Kopenhagen 1789

Auch ein Beytrag über die Neue Politick; hg. von Asmus. [Hamburg 1794]

Von und Mit dem ungenannten Verfasser [d. i. August von Hennings] der: «Bemerkungen» über des H. O. C. R. u. G. S. Callisen Versuch den Werth der Aufklärung unsrer Zeit betreffend. Hamburg [1796] [Anhang zum V. Theil der Sämmtlichen Werke des Wandsbecker Bothen.]b

An Frau Rebecca; bey der silbernen Hochzeit, den 15. März 1797

Urians Nachricht von der neuen Aufklärung, nebst einigen andern Kleinigkeiten. Von dem Wandsbecker Bothen. Hamburg 1797

An meinen Sohn H-. Hamburg 1799

Nachricht von der Neuen Aufklärung. Zweite Pause, die Philosophie betreffend. Hamburg [1799]

(Bey der Einweihung unsrer neuen Kirche.) Wandsbeck, den 30. Novbr. 1800

Dem 23. Mai 1802 [Hochzeitslied für die Gräfin Agnes Stolberg.]

Einfältiger Hausvater-Bericht über die christliche Religion an seine Kinder Caroline, Anne, Auguste, Trinette, Johannes, Rebekke, Fritz, Ernst und Franz. Hamburg 1804

An den Naber mith Radt: «Sendschreiben an Sr. Hochgräflichen Excellenz den Herrn Grafen Friedrich von Reventlau, Ritter vom Dannebrog, Geheimen-Rath und Curator der Universität Kiel» [von Nicolaus Funk]. Von eenen Holstener. o. O. 1805. – An den Nachbar mit Rath: «Sendschreiben...» Aus dem Plattdeutschen ins Hochdeutsche übersetzt von einem Freunde alter deutscher Art. o. O. 1805

Schreiben eines Dänen an seinen Freund. Altona, den 17. August 1807

Das heilige Abendmahl. Hamburg 1809

Lied, gesungen in Wandsbeck, als in der Gesellschaft an des Königs Geburtstag für die Armen gesammelt werden sollte. Wandsbeck, d. 28. Januar 1809

Predigt eines Laienbruders zu Neujahr 1814. Lübeck 1814

Die zurückgekehrten Vaterlandskämpfer. 30. Juni 1814

c) Übersetzungen

Twist's Reise nach Spanien und Portugal (mit vielen Anm. von Ebeling). Leipzig 1776 [Übers. von: Richard Twiss, Travels through Portugal and Spain in 1772 and 1773. London 1775.]

Geschichte des Ägyptischen Königs Sethos, aus dem Franz. übers. 2 Thle. Breslau 1777–1778 [Übers. von: Jean Terrasson, Sethos, histoire ou vie tirée des monuments anecdotes de l'ancienne Égypte ... 3 tom. Paris 1731.]

Die Reisen des Cyrus; eine moralische Geschichte. Nebst einer Abhandlung über die Mythologie und alte Theologie, von dem Ritter Ramsay ... Aus dem Franz. übers., mit einer Vorrede des Asmus. Breslau 1780 [Übers. von: Andrew Michael Ramsay, Les Voyages de Cyrus, avec un discours sur la mythologie. 2 tom. Paris 1727.]

Irrthümer und Wahrheit, oder Rückweiß für die Menschen auf das allgemeine Principium aller Erkenntniß. Von einem unbekannten Philosophen. Aus dem Franz. übers. Breßlau 1782 [Übers. von: Louis Claude de Saint-Martin, Des Erreurs et de la vérité, ou les hommes rappelés au principes universels de la science ... (Paris) 1781.]

Fenelon's Werke religiösen Inhalts, aus dem Franz. übers. Thl. 1. Hamburg 1800. – Thl. 2. 1809. – Thl. 3 nebst einem Anhang aus dem Pascal. 1811 [Übers. von: François de Salignac de la Mothe Fénelon, Œuvres spirituelles ... 2 vol. 1738.]

d) Herausgegebene Zeitschriften

Der Wandsbecker Bothe 1771–1772. – Forts. u. d. T.: Der Deutsche, sonst Wandsbecker Bothe 1773–1775

Hessen-Darmstädtische privilegierte Landzeitung 1777. Darmstadt [Nr. 1–19 von Claudius besorgt.]

e) Werke auf Sprechplatten (Auswahl)

ERNST GINSBERG, Meisterstücke deutscher Prosa. 30 cm. Deutsche Grammophon-Gesellschaft (Lit. Archiv) 43 001 [An meinen Sohn Johannes.]

GÜNTHER LÜDERS, Wir stolzen Menschenkinder. 25 cm. Ariola [Gedichte; Aus zwei Briefen an Andres.]

OTTO WERNICKE liest. 25 cm. Christophorus-Verlag CLX 75 412 [Gedichte und Prosa.]

MATTHIAS WIEMANN spricht Claudius und Hölderlin. 30 cm. Telefunken TSC 134 19 [Gedichte und Prosa.]

Vgl. dazu GEISSNER, HELLMUT: Schallplattenanalysen: Gesprochene Dichtung. Saarbrücken 1965. 176 S.

3. Vertonungen

Vgl. FRIEDLAENDER, MAX: Das deutsche Lied im 18. Jahrhundert. Quellen und Studien. Bd. 2. Dichtung. Stuttgart–Berlin 1902. S. 244–259

STEIN, FRANZ A.: Verzeichnis deutscher Lieder seit Haydn. Bern [1967] (Dalp-Taschenbücher. 385)

Schallplatten (Auswahl)

BEETHOVEN, LUDWIG VAN: Urians Reise um die Welt op. 52 Nr. 1. Auf: DIETRICH FISCHER-DIESKAU, Beethoven. Sämtliche Lieder. Mit Jörg Demus,

Klavier. 3 LP. 30 cm. Deutsche Grammophon-Gesellschaft 2 709 022
SCHUBERT, FRANZ: An die Nachtigall op. 98 Nr. 1, DK 497. Auf ERIKA KÖTH singt Lieder von Franz Schubert, Robert Schumann und Hugo Wolf. 30 cm. GERALD MOORE. 30 cm. Electrola SME 80 873; RITA STREICH singt Lieder von Franz Schubert. 30 cm. Deutsche Grammophon-Gesellschaft 138 047
Der Tod und das Mädchen op. 7 Nr. 3, DK 531. Auf: DIETRICH FISCHER-DIESKAU singt Lieder von Franz Schubert. 9. Folge. 30 cm. Electrola SME 91 419; CHRISTA LUDWIG, Schubert-Recital. Mit Geoffrey Parsons, Klavier. 30 cm. Electrola SMC 91 646
Wiegenlied op. 98 Nr. 2, DK 498. Auf: BENJAMINO GIGLI, Belcanto italiano. 2 LP. 30 cm. Kristall Da VP 2129/30; ANNELIESE ROTHENBERGER, In mir klingt ein Lied. 30 cm. Electrola 1 C 061–28 803; RITA STREICH singt Lieder von Franz Schubert. 30 cm. Deutsche Grammophon-Gesellschaft 138 047

4. Lebenszeugnisse

Matthias Claudius. Briefe an Freunde. Hg. von HANS JESSEN. Berlin 1938. 455 S. mit 1 Abb. (Briefe. 1.) – 2. veränderte Aufl. u. d. T.: Botengänge. Briefe an Freunde. Berlin 1965. 528 S. mit 1 Abb.
Matthias Claudius. Asmus und die Seinen. Briefe an die Familie. Hg. von HANS JESSEN und ERNST SCHRÖDER. Berlin [1940]. 343 S., 4 Abb. (Briefe. 2.)
FRAHM, WALTER: Matthias Claudius, der «Wandsbecker Bote» in seinen Familienbriefen. In: Alsterverein e. V. Jb. 24 (1940), S. 105–109
Familienbriefe uber Familientage. Matthias Claudius berichtet an seine Tochter Anna. In: Zs. f. Nds. Familienkunde 25 (1950), S. 66–69
Matthias Claudius schreibt an die Seinen. Familienbriefe. Hg. von HANS JÜRGEN SCHULTZ. Witten–Berlin [1954]. 126 S., 2 Taf. (Der Eckart-Kreis. 7)
HOFFMANN, GOTTFRIED ERNST: Matthias Claudius in der Emigration. Zwei unbekannte Briefe aus den Jahren 1813. In: Nordelbingen 26 (1958), S. 154–157
SUDHOF, SIEGFRIED: Fürstin Gallitzin und Claudius. In: Euphorion 53 (1959), S. 75–91
SUDHOF-BINGEL, URSULA: Claudius an die Fürstin Gallitzin. In: Auf roter Erde 15 (1959), S. 3–4
KOCH, HANS-ALBRECHT, und ROLF SIEBKE: Unveröffentlichte Briefe von Matthias Claudius aus dem Besitz des Freien Deutschen Hochstift. In: Jb. d. Freien Dt. Hochstift 1972 [In Vorbereitung.]

CLAUDIUS, ANDREAS: Aus vier Generationen der Familie Matthias Claudius. Nach Aufzeichnungen. Berlin 1929
PERTHES, AGNES: Vom Wandsbecker Boten und seinem Haus. Erinnerungen. Hg. von O. MATTHIES. Hamburg 1911. 33 S.
Unbekannte Erinnerungen an Matthias Claudius. In: Hochland 47 (1954/55), S. 456–464
SCHMITTHENNER, HANSJÖRG: Unbekannte Erinnerungen an Matthias Claudius. Von seiner Enkelin Agnes Perthes. In: Hochland 47 (1954/55), S. 493–495
SCHRÖDER, ERNST: Der Wandsbecker Bote. Persönlichkeit und Lebensweise, von seinem Sohn Fritz mitgeteilt. In: Eckart 16 (1940), S. 213–217
BOBÉ, LOUIS: August Hennigs' Dagbog under hans Ophold i Kobenhavn 1802, meddelt. In: Danske Magazin 1 (1934/35), S. 1–214
MATTHIES, KURT: Leben mit Asmus. Briefe und Tagebuchblätter über Matthias Claudius. In: Literarische Begegnungen (1948), S. 17–26

5. Gesamtdarstellungen

Herbst, Wilhelm: Matthias Claudius, der Wandsbecker Bothe. Gotha 1857. VIII, 359 S. – 2. neu bearb. Aufl. 1857. IX, 549 S. – 4. veränd. Aufl. 1878. XI, 420 S.

Mönckeberg, Carl: Matthias Claudius. Ein Beitrag zur Kirchen- und Litterar-Geschichte seiner Zeit. Hamburg 1869. I, VIII, 427 S., 1 Faks. (Gallerie hamburgischer Theologen. 6)

Petersen, Richard: Matthias Claudius og hans vennekreds. Kopenhagen 1884. 420 S.

Schneiderreit, Max: Matthias Claudius. Seine Weltanschauung und Lebensweisheit. Berlin 1898. VIII, 119 S.

Stammler, Wolfgang: Matthias Claudius der Wandsbecker Bothe. Ein Beitrag zur deutschen Literatur- und Geistesgeschichte. Halle a. d. S. 1915. VIII, 282 S.

Roedl, Urban [d. i. Bruno Adler]: Matthias Claudius. Sein Weg und seine Welt. Berlin 1934. 415 S., 1 Taf. – 3. Aufl. Hamburg 1969. 352 S., 16 Taf.

Rüttenauer, Isabella: Die Botschaft. Versuche über Matthias Claudius. München 1947. 254 S., 1 Titelb. – 2. Aufl. u. d. T.: Matthias Claudius. Die Botschaft des Dichters an unsere Zeit. Freiburg i. B.–München 1952. 252 S., 1 Titelb.

Hesselbacher, Karl: Der Wandsbeker Bote. Leben und Schaffen von Matthias Claudius. Hamburg 1948. 179 S., mehr. Taf.

6. Würdigungen und Gedenkartikel

Hennings, August von: Ein Wort Ueber und Wider Herrn Matthias Claudius, von dem Verfasser der «Bemerkungen». Altona 1796. 24 S.
Asmus. Ein Beitrag zur Geschichte der Litteratur des Achtzehnten Jahrhunderts. Altona 1798. 78 S.

Lübker, Friedrich: Matthias Claudius. In: Lübker, Lebensbilder aus dem letztverflossenen Jahrhundert deutscher Wissenschaft und Literatur. Hamburg 1862. S. 113–173

Deinhardt, Johann Heinrich: Leben und Character des Wandsbecker Boten Matthias Claudius als Beilage zu seinen Werken. Gotha 1864. 58 S.

Gerok, Karl: Matthias Claudius der Wandsbecker Bote. Ein Vortrag, geh. in Darmstadt am 9. Februar 1881. Darmstadt 1881. 32 S.

Avenarius, Ferdinand: Ein Gedenkblatt für Claudius. Zu seinem hundertsten Todestag. In: Der Kunstwart und Kulturwart 28, 2 (Jan./März 1915), S. 94–98

Stuhrmann, Heinrich: Matthias Claudius, der Wandsbecker Bote. Gotha 1915. 40 S. (Volksabende. 43)

Dietz, Otto: Matthias Claudius. Der Mensch und seine Welt. Schlüchtern 1926. 44 S.

Pfeiffer, Johannes: Matthias Claudius. Bemerkungen zur literarischen Grundhaltung des Wandsbecker Boten. In: Die Neue Rundschau 45 (1934), S. 274–283

Pauly, F.: Matthias Claudius. In: Nordelbingen 12 (1936), S. 252–277

Beissner, Friedrich: Matthias Claudius zum 200. Geburtstag. In: Geistige Arbeit 7 (1940), Nr. 16, S. 1 f

Pfeiffer, Johannes: Matthias Claudius, der Wandsbecker Bote. In: Der Bücherwurm 26 (Sept./Okt. 1940), S. 8–23 – Separatdruck u. d. T.: Matthias Claudius, der Wandsbecker Bote. Eine Einführung in den Sinn seines Schaffens. Dessau [1941]. 47 S. (Die kleinen Reuchlindrucke. 4) – WA in: Peiffer, Zwischen Dichtung und Philosophie. Gesammelte Aufsätze. Bremen

1947. S. 51–76 – 2. neubearb. u. z. T. erw. Aufl. u. d. T.: Über das Dichterische und den Dichter. Beiträge zum Verständnis deutscher Dichtung. Hamburg 1956. S. 58–79 – Erw. WA u. d. T.: Dichtung und Glaube: Über Matthias Claudius. In: Pfeiffer, Über das Dichterische und den Dichter ... [3. neubearb. u. erw. Aufl.] Berlin 1967. S. 77–97 – WA in: Pfeiffer, Dichten, Denken, Glauben. Ausgewählte Essays 1936 bis 1966. München 1967. S. 50–74 (Siebenstern-Taschenbuch. 93)

Suhrkamp, Peter: Asmus der Bote. In: Die Neue Rundschau 51 (1940), S. 405–407

Bohnenblust, Gottfried: Matthias Claudius. Zu des Dichters zweihundertstem Geburtstag. In: Corona 10, H. 4 (1941), S. 371–392 – WA in: Bohnenblust, Vom Adel des Geistes. Gesammelte Reden. Zürich 1944. S. 21–37

Claudius, Hermann: Matthias Claudius. Stuttgart 1938. 96 S., 1 Taf. (Die Dichter der Deutschen. 1) – 15.–17. Tsd. 1942. 94 S., 1 Taf.

Keller, Gottfried: Matthias Claudius. Basel 1947. 87 S.

Koch, Otto: Matthias Claudius. Ein Weg zu reichem Leben. Lüneburg (1947). 55 S.

Schellmann, Kurt: Matthias Claudius, der Bote des Glaubens. (Mit Ill. von Karl Eckle.) Stuttgart 1948. 57 S.

Seebass, Friedrich: Matthias Claudius, der Wandsbecker Bote. Gießen 1950. 115 S. (Zeugen des gegenwärtigen Gottes 7/8)

Ihlenfeld, Kurt: Der Wandsbecker Bote. In: Ihlenfeld, Poeten und Propheten. Erlebnisse eines Lesers. Witten–Berlin 1951. S. 332–340

Hajek, Siegfried: Ein Weg zu Matthias Claudius. In: Der Deutschunterricht 9 (1957), H. 1, S. 68–73

Weyrauch, Wolfgang: Matthias Claudius. In: Triffst du nur das Zauberwort. Stimmen von heute zur deutschen Lyrik. Hg. von Jürgen Petersen. Frankfurt a. M. 1961. S. 19–30

Eberhard, Horst: Das rechtschaffene Leben des Wandsbecker Boten. In: Erdkreis 15 (1965), S. 466–483

7. Untersuchungen

a) Zur Biographie

Die Familie des «Wandsbecker Boten». Geschwister und Kinder von Matthias Claudius. In: Westdeutsche Ahnentafeln. Hg. von Hans Carl Scheibler snd Karl Wülfrath. Bd. 1. Weimar 1939. S. 410–411 (Publikationen d. Ges. f. Rhein. Geschichtskunde. 44)

Jensen, Wilhelm: Matthias Claudius und die Wandsbecker Kirchenbücher. In: Zs. f. Nds. Familienkunde 22 (1940), S. 67–70

Schröder, Ernst: Aus dem Reinfelder Elternhaus des Wandsbecker Boten. In: Eckart 14 (1938), S. 433–439; 483–488

Meinhof, Werner: Gestalten der Jenaer Renommistenzeit. Chr. Günther, Winckelmann, Klopstock, M. Claudius. In: Das Thüringer Fähnlein 8 (1939), S. 89–99 – Sonderabdruck: Jena 1939. 11 S., 1 Taf.

Löwenfeld, Raphael: Eine deutsche Tafelrunde in Kopenhagen. In: Nord und Süd 83, H. 248 (Nov. 1897), S. 165–172

Frahm, Walter: Der Wandsbeker Bothe auf einer Maskerade der Hamburger Zeitungen. In: Hamburger Geschichts- und Heimatblätter 10 (1938), S. 99–101

Grabke, Wilhelm: Wie Matthias Claudius nach Wandsbek kam. In: Wandsbek früher und heute. Zum 150. Todestag von Matthias Claudius und 60jährigen Vereins-Jubiläum am 21. Jan. 1965. Hamburg-Wandsbek 1965. S. 5–11

Mirow, Ernst: Wandsbek und das literarische Leben Deutschlands im 18. Jahrhundert. In: Festschrift zur Feier des 25jährigen Bestehens des Matthias Claudius-Gymnasiums ... Wandsbek 1897. S. 52–63

Frahm, Walter: Matthias Claudius und sein Wandsbeker Kreis. In: Stormarn. Hamburg 1938. S. 477–483. Mit 1 Faks.
Die Beziehungen des Wandsbeker Boten zum Wandsbeker Gutherrn. In: Nordelbingen 12 (1936), S. 278–283

Diehl, W.: M. Claudius und Darmstadt. In: Archiv f. d. Stud. d. neueren Sprachen u. Lit. 124 (1910), S. 346–349

Jansen, Günther: Matthias Claudius und Oldenburg: In: Jb. f. d. Gesch. d. Herzogtums Oldb. 10 (1901), S. 1–5 – WA in: Jansen, Nordwestdeutsche Studien. Berlin 1904. S. 319–325

Riedler, Kurt: Das Bauernmädchen. Die Ehe des Wandsbecker Boten.In: Eckart 12 (1936), S. 415–426

Fleischhack, Marianne: Sein Bauermädchen. Lebensbild der Ehegefährtin von Matthias Claudius. Berlin 1966. 155 S. mit 14 Abb. u. Faks.

Brehm, Friedl: Der Wandsbecker und der Schwabenbote. Matthias Claudius bei Johann Baptist von Ruoesch. Aus unveröffentlichten Tagebüchern. In: Stimmen der Zeit 1961/62, Bd. 170, S. 310–312

Schröder, Ernst: Ein Gelegenheitsgedicht von Matthias Claudius. In: Hamburger Geschichts- und Heimatblätter 11 (1938), S. 117–118

Frahm, Walter: Matthias Claudius und die Musik. In: Alsterverein e. V. Jb. 24 (1940), S. 109–117. – WA in: Hamburger Geschichts- u. Heimatbll. 13 (1941), S. 24–30

Frahm, Walter: Matthias Claudius und sein Illustrator Daniel Chodowiecki. In: Schleswig-Holstein 13, H. 5 (1961), S. 125–126

Stammler, Wolfgang: Claudius und Gerstenberg. In: Archiv f. d. Stud. d. neueren Sprachen u. Lit. 73 (1920), Bd. 139, S. 21–58
Gleim und Claudius. In: Zs. d. Harzvereins f. Gesch. u. Altertumskunde 47 (1914), S. 103–140

Bchz. [d. i. Franz Buchholz]: Göthe und Claudius. In: Deutsches Museum 11. St. (Nov. 1777), S. 401

Düntzer, Heinrich: Goethe und Claudius. Zum 22. März 1857. In: Düntzer, Neue Goethestudien. Nürnberg 1861. S. 1–33

Herzog, Johannes: Claudius und Hamann. Ihr Kampf gegen den Rationalismus und ihr Vermächtnis an unsere Gegenwart. Leipzig–Hamburg 1940. 192 S.

A. [d. i. Ferdinand Avenarius]: Klopstock und Claudius. In: Der Kunstwart 16, 2, H. 13 (April 1903), S. 1–6

Bräuning-Oktavio, Hermann: Lessing und Claudius in Darmstadt. Mit ungedruckten Briefen. In: Archiv f. d. Stud. d. neueren Sprachen u. Lit. 65 (1911), Bd. 127, S. 1–19

Utz, Hans: Johann Michael Sailer und Matthias Claudius. In: Stimmen der Zeit 83 (1957/58), Bd. 161, S. 172–184

b) Allgemeines zum Gesamtwerk und zu einzelnen Problemen

Lennert, Rudolf: Matthias Claudius oder die Grenzen des menschlichen Lebens. Ein Gespräch. In: Denkendes Volk 1 (Dez. 1946), S. 14–18 – Forts. u. d. T.: ... Das zweite Gespräch. In: Denkendes Volk 2 (Jan. 1947), S. 48–52

Kraft, Werner: Matthias Claudius und die Existenz. In: Die Neue Rundschau 1959, S. 687–721 – WA in: Kraft, Augenblicke der Dichtung. Kritische Betrachtungen. München 1964. S. 81–120

Berndt, Johannes: Die Stellung des Matthias Claudius zu den religiösen Strö-

mungen seiner Zeit. Langensalza 1914. 29 S. (Pädagogisches Magazin. 556)
LOOFS, FRIEDRICH: Zum Gedächtnis des Wandsbecker Boten. In: Theologische Studien und Kritiken 1915. S. 173–223; 273–366 – WA u. d. T.: Matthias Claudius in kirchengeschichtlicher Beleuchtung. Eine Untersuchung über Claudius' religiöse Stellung und Altersentwicklung. Gotha 1915. IV, 144 S.
SCHRÖDER, CHRISTEL-MATTHIAS: Matthias Claudius und die Religionsgeschichte. München 1941. 32 S. – 2. unveränd. Aufl. Hamburg 1948. 59 S.
IHLENFELD, KURT: «Ich bin ein Bote und nichts mehr». Apostolisches und lutherisches Christentum bei Matthias Claudius. In: Luther 36 (1965), S. 122–136
BURGERT, HELMUTH: Der Kalenderonkel Matthias Claudius. Verbrennung eines Pastorenfetisches. In: Alm. f. Lit. u. Theologie 4 (1970), S. 197–205
MÖHN, HEINRICH: Der Tod als Freund im Leben und in den Schriften des Wandsbecker Boten. In: Monatsbll. f. d. dt. Lit. 6, 1 (1901/02), S. 10–16
IHLENFELD, KURT: Freund Hain. Todesweisheit und Lebenskunst bei Matthias Claudius. Berlin 1940. 30 S.
STOLPE, ALBERT: Das Todesproblem in Matthias Claudius' Werken und Briefen. Diss. Kiel 1951. 127 Bl. [Masch.]
UTZ, HANS: Befiehl Du Deine Wege! Der Todesgedanke bei Matthias Claudius. In: Die Seele 31 (1955), S. 9–18
DIEZEL, MINNA: Matthias Claudius. Sozialethischer Gehalt seiner Werke. Diss. Wien 1948. 228 Bl. [Masch.]

RÖSELER, WILHELM: Matthias Claudius und sein Humor. Berlin 1873. 51 S.
DELB, HEINRICH: Der launige Matthias Claudius. Diss. Zürich 1964. 68 S.
NIELSEN, INGEBORG: Matthias Claudius als Feuilletonist. Diss. Freiburg i. B. 1944. 104 Bl. [Masch.]
SCHMIDT-ROHR, CHRISTEL: Das Zeitungsschaffen des Matthias Claudius als formende Kraft in seinem Leben und Werk. Diss. Heidelberg 1944. 305 Bl. [Masch.]
HAGGE, ERNST: Matthias Claudius als Literaturkritiker. In: Gestalt, Gedanke, Geheimnis. Festschrift für Johannes Pfeiffer zu seinem 65. Geb. Hg. von ROLF BOHNSACK, HELLMUT HEEGER, WOLF HERMANN. Berlin 1967. S. 131–144
CRANZ, ANNEMARIE: Das aphoristische Element bei Matthias Claudius. Diss. Freiburg i. B. 1954. 120 Bl. [Masch.]
KUPHAL, F.: Volkssprachliches und Heimatsprachliches bei Matthias Claudius. In: Die Heimat 35 (1925), S. 13

c) Allgemeines zur Lyrik

BETKE, CARL: Matthias Claudius als Lyriker. Münster 1887. 28 S. (Programm d. Gymnasiums Rheine)
HÜLSEN, WILHELM: Claudius' Lyrik. Diss. Würzburg 1913. 71 S.
SOMMER, J. CARL ERNST: Studien zu den Gedichten des Wandsbecker Boten. Frankfurt a. M. 1935. 79 S. (Frankfurter Quellen u. Forschungen zur german. u. roman. Philologie. 7)
BEISSNER, FRIEDRICH: Matthias Claudius, der Wandsbecker Bote. In: Geistige Arbeit 5 (1938), Nr. 9, S. 1 f
RUPRECHT-BANGERT, ANNEMARIE: Matthias Claudius. In: Der Deutschunterricht 10, H. 2 (1958), S. 115–128
STRECK, ROBERT: «Das Menschenleben» in Gedichten Goethes, Claudius', Liliencrons, Eichendorffs und Georges. In: Zs. f. Deutschwiss. u. Deutschunterricht 2 (1940), S. 65–78
NAUMANN, FERDINAND: Matthias Claudius und das Volkslied. Diss. Greifswald 1914. 95 S.
NELLE, W.: Matthias Claudius und das Kirchenlied. In: Monatsschrift f. Gottes-

dienst u. Kunst 11 (1906), S. 122–126; 153–159; 182–188
(N. N.): G. Tersteegen und Matthias Claudius in ihrer Stellung zum evangelischen Kirchenlied. In: Der Hausvater 13 (1906), S. 217–220
PFEIFFER, JOHANNES: Matthias Claudius als geistlicher Lyriker. In: Die Sammlung 15 (1960), S. 61–66 – WA in: PFEIFFER, Dichtkunst und Kirchenlied. Über das geistliche Lied im Zeitalter der Säkularisation. Hamburg 1961. S. 48–57
HÜBNER, GÖTZ EBERHARD: Kirchenliedrezeption und Rezeptionswegforschung. Zum überlieferungskritischen Verständnis einiger Gedichte von Bürger, Goethe, Claudius. Tübingen 1969. VII, 143 S. (Studien zur deutschen Literatur.)

d) Spezielle Werkanalysen

I. Zu einzelnen Gedichten

BROCH, HERMANN: Einige Bemerkungen zu Philosophie und Technik des Übersetzens. In: BROCH, Dichten und Erkennen. Essays. Bd. 1. Zürich 1955. S. 277–294 (Ges. Werke.) [Darin: S. 287 f: *Abendlied.*]
PFEIFFER, JOHANNES: Matthias Claudius *Abendlied*. In: Die deutsche Lyrik. Form und Geschichte. Interpretationen. Bd. 1. Düsseldorf 1956. S. 185–189
WEBER, WERNER: Kleiner Umgang in Deutschland. I. In: WEBER, Figuren und Fahrten. Aufsätze zur gegenwärtigen Literatur. Zürich 1956. S. 89–95 [Zu: *Abendlied.*]
SPITZER, LEO: Matthias Claudius' *Abendlied*. In: Euphorion 54 (1960), S. 70–82 – WA in SPITZER, Texterklärungen. Aufsätze zur europäischen Literatur. München 1969. S. 176–186; 265–270
LEHNERT, HERBERT: Provokation, Predigtstruktur und Spielraum. Claudius' *Abendlied* und Beispiele aus der expressionistischen und zeitgenössischen Lyrik. In: LEHNERT, Struktur und Sprachmagie. Zur Methode der Lyrik-Interpretation. Stuttgart 1966. S. 43–63
GOES, ALBRECHT: Über ein Gedicht von Matthias Claudius. In: Almanach. S. Fischer Verlag 78 (1964), S. 111–120 – WA in: GOES, Dichter und Gedicht. Zwanzig Deutungen. Frankfurt a. M. 1966. S. 62–68 (Fischer-Bücherei. 771.) [*Als der Sohn unseres Kronprinzen . . .*]
IHLENFELD, KURT: *Ein Brief an den Mond*. In: IHLENFELD, Zeitgesicht. Erlebnisse eines Lesers. Witten–Berlin 1961. S. 397–401
HEYDEN, FRANZ: Matthias Claudius. *Ein Wiegenlied beim Mondschein zu singen*. Ein Beitrag zum Nacherleben lyrischer Gedichte. In: Die Truhe 1926, S. 36–42
PRAWER, SIEGFRIED SALOMON: Claudius: *Wiegenlied beim Mondschein zu singen*. In: PRAWER, German lyric poetry. A critical analysis of selected poems from Klopstock to Rilke. London 1952. S. 47–53 – [Reprint.] New York 1965. S. 47–53
CLAUDIUS, HERMANN: Matthias Claudius und sein *Wiegenlied beym Mondschein zu singen*. In: Schleswig-Holstein 15, H. 6 (1963), S. 144 f
NAUMANN, WALTER: Matthias Claudius: *Ein Wiegenlied, bei Mondschein zu singen*. In: NAUMANN, Traum und Tradition in der deutschen Lyrik. Stuttgart 1966. S. 63–73
SCHULZ, BERNHARD: *Frau Rebekka mit den Kindern an einem Mai-Morgen*. Ein Gedicht und seine Auslegung für die Schule. In: Westermanns pädagogische Beiträge 9 (1957), S. 163–169
STAMMLER, WOLFGANG: Matthias Claudius und sein *Rheinweinlied*. In: Zs. f. dt. Unterricht 29 (1915), S. 194–201; 262–270
IHLENFELD, KURT: *'s ist leider Krieg*. In: Zeitwende 39, 5 (1968), S. 356–359

BENCKISER, NIKOLAUS: *Täglich zu singen*. Matthias Claudius. In: Zeitungsschreiber 1966, S. 41–44

SCHÖNBERGER, OTTO: Über ein Gedicht von Matthias Claudius. In: Germ.-Roman. Monatsschrift 19 (1969), S. 331–336 [*Till, der Holzhacker*.]

ROEDL, URBAN [d. i. Bruno Adler]: Über eine unbekannte Fassung eines bekannten Gedichts von Matthias Claudius. In: Gestalt, Gedanke, Geheimnis. Festschrift für Johannes Pfeiffer zu seinem 65. Geb. Hg. von ROLF BOHNSACK, HELLMUT HEEGER, WOLF HERMANN. Berlin 1967. S. 304–308 [*Zufriedenheit*.]

II. Zum *Wandsbecker Boten*

REDLICH, CARL CHRISTIAN: Die poetischen Beiträge zum *Wandsbecker Bothen*, gesammelt und ihren Verfassern zugewiesen. In: Programm der Realschule des Johanneums Hamburg 1871. S. 1–60

SUHRKAMP, PETER: *Der Wandsbecker Bote* von Matthias Claudius. (1943) In: SUHRKAMP, Der Leser. Reden und Aufsätze. Hg. u. mit einem Nachwort vers. von HERMANN KASACK. Berlin–Frankfurt a. M. 1960. S. 42–58 (Bibliothek Suhrkamp. 55.)

HOEFER, F. J. CURT: *Der Wandsbecker Bothe*. Ein Beitrag zur Geschichte der deutschen Publizistik des 18. Jahrhunderts. Diss. Leipzig 1945. 355 Bl. mit Abb. [Masch.]

WINTER, FRITZ: Goethes Anteil am *Wandsbecker Bothen*. In: Vierteljahrschr. f. Lit. gesch. 4 (1891), S. 513–528

SCHERER, CARL: Wer hat im *Wandsbecker Boten* auf die Kästnersche Recension des Götz geantwortet? In: Euphorion 8 (1901), S. 274–284

MORRIS, MAX: Herderiana im *Wandsbecker Bothen*. In: Euphorion 16 (1909), S. 360–379

STAMMLER, WOLFGANG: Zu den Herderiana im *Wandsbecker Bothen*. In: Euphorion 18 (1911), S. 761

III. Sonstiges

BÜLCK, RUDOLF: Matthias Claudius' Schrift *An den Naber mit Radt* in sprachlicher Beleuchtung. In: Jb. d. Vereins f. nddt. Sprachforschung 60/61 (1934/35), S. 169–174

e) Wirkungsgeschichtliches

COURRECH STAAL, E. G.: Matthias Claudius in Nederland. In: De Nieuwe Taalgids 11 (1917), S. 41–50

KAHLE, F. HERMANN: Claudius und Hebel nebst Gleichzeitigem und Gleichartigem. Berlin 1864. XV, 358 S.

HERSE, WILHELM: Wilhelm Raabe, Wilhelm Röseler und Matthias Claudius. In: Mitt. f. d. Ges. d. Freunde Wilhelm Raabes 20 (1930), Nr. 1, S. 42–46

SIEBKE, ROLF: Arthur Schopenhauer und Matthias Claudius. In: Jb. d. Schopenhauerges. 51 (1970), S. 22–31

Nachtrag zur Bibliographie

1. Werke

Sämtliche Werke. Gedichte, Briefe in Auswahl. Hg. von HANNSLUDWIG GEIGER. Wiesbaden 1973

Ein Tropfen aus dem Ozean. Ausgew. Werke u. Briefe. Hg. von GÜNTER ALBRECHT. Berlin 1975

2. Gesamtdarstellungen, Zeugnisse, Untersuchungen

KOCH, HANS-ALBRECHT, und ROLF SIEBKE: Unbekannte Briefe und Texte von Matthias Claudius. Nebst einigen Bemerkungen zur Claudius-Forschung. In: Jahrbuch des Freien Deutschen Hochstifts 1972, S. 1–35

KOCH, HANS-ALBRECHT: Ein Matthias-Claudius-Zitat bei Arthur Schnitzler. In: Germanisch-romanische Monatsschrift N. F. 22 (1972), S. 435–436

FORSTER, LEONARD: Three evening hymns: Gerhardt, Claudius and Bridges. In: Deutung und Bedeutung. Hg. von BRIGITTE SCHLUDERMANN u. a. The Hague – Paris 1973

KOCH, HANS-ALBRECHT, und ROLF SIEBKE: Nachtrag zu «Unbekannte Briefe u. Texte von Matthias Claudius». In: Jahrbuch des Freien Deutschen Hochstifts 1973, S. 481–483

KRANEFUSS, ANNELEN: Die Gedichte des Wandsbecker Boten. Göttingen 1973

RÖLLEKE, HEINZ: Meine Mutter hat Gänse. E. Volksreim u. a. Spuren im Jesuitendrama bei Claudius, Goethe und Jacob Grimm. In: Jahrbuch der Volksliedforschung 19, (1974), S. 108–109

EIGENWALD, ROLF: Matthias Claudius und sein Abendlied. In: Projekt Deutschunterricht 9 (1975), S. 175–201

JONES, G. L.: The worldly christian: Matthias Claudius as a critic of his time. In: Modern language review 71 (1976), S. 827–837

KESTEN, HERMANN: Der ganze Jammer der Sterblichkeit. In: Frankfurter Anthologie 1976, S. 28–30

KOCH, HANS-ALBRECHT: Matthias Claudius und die Kinder. Mit e. Anhang: Unbekannte Briefe von Matthias Claudius. In: Wolfenbütteler Studien zur Aufklärung 3 (1976), S. 227–257

KÖNIG, BURGHARD: Matthias Claudius. Die literarischen Beziehungen in Leben und Werk. Bonn 1976

RENGSTORF, KARL HEINRICH: Der Wandsbecker Bote, Matthias Claudius als Anwalt der Humanität. In: Wolfenbütteler Studien zur Aufklärung 3 (1976), S. 195–226

FECHNER, J. U.: Matthias Claudius und die Literatursoziologie. Überlegungen u. unvollst. Anm. zum Abschiedsbrief d. «Addreßcomptoirnachrichtenschreibers». In: Geist und Zeichen. Festschrift für Arthur Henkel... Hg. von HERBERT ANTON u. a., Heidelberg 1977

KOCH, HANS-ALBRECHT: Matthias Claudius und Hamburg. E. Skizze. Mit unveröff. Quellen. In: Zeitschrift des Vereins für Hamburgische Geschichte 63 (1977), S. 181–204

KROLOW, KARL: Von literarischer Unschuld, Matthias Claudius. Ein Porträt. Darmstadt 1977

ZIMMERMANN, ROLF CHRISTIAN: Matthias Claudius. In: Deutsche Dichter des 18. Jahrhunderts. Hg. von BENNO VON WIESE. Berlin 1977, S. 429–445

FAMBACH, OSCAR: Brief des Matthias Claudius an einen Bürgermeister, und wie ich den Empfänger ermittelte. In: Zeitschrift für deutsche Philologie 97 (1978), S. 287–292

PERTHES, AGNES: Erinnerungen an Matthias Claudius von seiner Enkelin Agnes Perthes. Mit e. Nachw. v. Hansjörn Schmitthenner. München 1978
SCHULZ, GEORG-MICHAEL: Matthias Claudius' Abendlied. Kreatürlichkeit und Aufklärungskritik. In: Deutsche Vierteljahresschrift für Literaturwissenschaft und Geschichte 53 (1979), S. 233–250
GÖRISCH, REINHARD: Matthias Claudius und der Sturm und Drang: ein Abgrenzungsversuch. Frankfurt a. M. – Bern 1981 (Europäische Hochschulschriften, Reihe 1. Bd. 357)

NAMENREGISTER

*Die kursiv gesetzten Zahlen bezeichnen die Abbildungen,
die hochgestellten Sternchen verweisen auf die Fußnoten*

Ackermann, Konrad Ernst 25
Alberti, Ernst Julius 13
Alberti, Julius Gustav 36 f; *38*
Angelus Silesius (Johannes Scheffler) 71
Aristoteles 42
Augustinus, Aurelius 71

Baader, Franz Xaver von 75
Bach, Carl Philipp Emanuel 25
Bacon, Baron Verulam, Viscount St. Albans, Francis 97
Bahr, Hermann 7
Basedow, Johannes Bernhard 19, 63
Behn, Anna Rebecca s. u. Anna Rebecca Claudius
Behn, Joachim 33
Berger, Johann Justus von 19
Berglar, Peter Anm. 13
Bernstorff, Johann Hartwig Ernst Graf von 19, 31; Anm. 38; *19*
Bethge, Eberhard Anm. 181
Bode, Johann Joachim Christoph 25, 30, 32, 35, 39, 40, 44
Bodmer, Johann Jakob 15
Boekmann, Johann Lorenz 22
Böhme, Jakob Anm. 86
Bohn, Johann Karl Anm. 135
Boie, Heinrich Christian 25, 35, 41, 52, 63, 71, 82, 121; Anm. 49, 70, 135
Bonhoeffer, Dietrich 118; Anm. 181
Bora, Katharina von 110
Bossuet, Jacques-Bénigne Anm. 151
Bräuning-Oktavio, Hermann Anm. 64
Brentano, Bettina 64
Brentano, Clemens 7, 64
Bürger, Gottfried August 41; Anm. 135

Callisen, Johann Leonhard Anm. 123
Campe, Joachim Heinrich 63, 76
Carstens, Asmus Jakob 75
Chodowiecki, Daniel 104
Christian VII., König von Dänemark und Norwegen Anm. 38
Christiane s. u. Christiane von Goethe
Claudius, Anna Friederike Petrine 59, 107 f, 111, 123; Anm. 168, 187
Claudius, Anna Rebecca 12, 17, 33, 50, 51, 58, 59, 64, 73, 75, 93, 98 f, 107, 108 f, 116, 121; Anm. 175; *34, 37, 49, 65, 109, 110*
Claudius, Auguste 76, 111, 123
Claudius, Barthold Nicolaus 11
Claudius, Christian Carl 11
Claudius, Christian Detlef 12
Claudius, Dorothea Christine 22
Claudius, Christine Marie Auguste 35, 73, 111
Claudius, Ernst 111, 123
Claudius, Franz 123
Claudius, Friedrich Carl 13
Claudius, Fritz 76, 104, 118, 123
Claudius, Johanna Catharina Henriette (Trinette) 76, 111, 123
Claudius, Johannes 99, 104, 111, 1115, 122, 123, 125; Anm. 178; *115*
Claudius, Josias 12, 13, 16; Anm. 17
Claudius, Lorenz 13
Claudius, Lucia Magdalena 13
Claudius, Lucie Magdalene 11
Claudius, Maria 11, 12, 21, 50
Claudius, Maria Caroline Elisabeth 35, 105, 107, 111, 123; Anm. 187; *107, 109*

Claudius, Matthias (Vater) 11, 12, 13, 17, 21, 22
Claudius, Matthias (1. Sohn) 35, 100
Claudius, Matthias (3. Sohn) 73, 108
Claudius, Rebecca 107, 123
Cramer, Johann Andreas 19, 21

Daries, J. G. 14
Descartes, René 18
Dieterich, Johann Christian Anm. 135
Droste-Hülshoff, Annette von 8, 15, 52, 114

Eichendorff, Joseph Karl Benedikt Freiherr von 76; Anm. 110
Engel, Johann Jakob Anm. 122
Esmarch, Christian Hieronymus 41
Euler, Friedrich Wilhelm Anm. 7
Eymes, Carl Valentin 55

Fénelon (François de Salignac de La Mothe-Fénelon) 74, 97f; Anm. 146, 151; *96*
Fichte, Johann Gottlieb 13
Flachsland, Caroline s. u. Caroline von Herder
Flachsland, Siegmund 55
Friedrich, Kronprinz von Dänemark s. u. Friedrich VI., König von Dänemark und Norwegen
Friedrich II. der Große, König von Preußen 52
Friedrich V., König von Dänemark und Norwegen 18
Friedrich VI., König von Dänemark und Norwegen 73, 100; *75*
Funk, Gottfried Benedikt 19
Fürstenberg, Franz Egon Freiherr von 71, 122

Gallitzin, Adelheid Amalia Fürstin von 71, 72, 110, 121, 122; Anm. 101; *72*
Gallitzin, Dmitrij A. Fürst 71
Gellert, Christian Fürchtegott 17
Gerstenberg, Heinrich Wilhelm von 15, 17, 18, 19, 21, 25, 33, 35 f, 46, 63; Anm. 14, 55; *16*
Gleim, Johann Wilhelm Ludwig 7, 15, 26, 35, 41, 50, 52
Goethe, Christiane von 99, 108; *101*
Goethe, Johann Wolfgang von 7, 8, 10, 31, 35, 41, 51, 52, 53, 63, 67 f, 70, 71, 79, 82, 93, 94, 99, 108, 110, 118, 121; Anm. 86, 94, 95, 96; *69*
Goeze, Johann Melchior 14, 28, 36 f; *38*

Görres, Joseph von 79
Gotter, Friedrich Wilhelm 41
Gotthelf, Jeremias (Albert Bitzius) 118
Gottsched, Johann Christoph 15
Grimm, Jacob 15
Grimm, Wilhelm 15
Gunzert, Walter Anm. 64

Hagedorn, Friedrich von 7, 15, 17
Hahn, Johann Friedrich 41
Hamann, Johann Georg 10, 21, 25, 43, 46, 55, 58, 71, 71*, 93, 94, 118; Anm. 86, 140; *45*
Haugwitz, Christian Graf von 51, 64 f, 66, 67, 100
Haugwitz, Trinette Gräfin von 66
Hebel, Johann Peter 10
Hemsterhuis, Frans 71
Henkel, Arthur Anm. 13
Hennings, August von 82, 83; Anm. 123
Henriette Caroline, Landgräfin von Hessen-Darmstadt 53
Herder, Caroline von 31, 98; Anm. 33; *100*
Herder, Johann Gottfried von 7, 8, 10, 15, 21, 25 f, 31, 33, 35, 39, 41, 43, 46, 50, 52, 53, 54, 55, 63, 64, 67, 71, 79, 93, 94, 98; Anm. 20, 23, 28, 29, 53, 60, 86, 114, 141, 142; *26*
Hesse, Andreas Peter von 50, 54, 55, 62
Hobbes, Thomas 14
Hoe, Lucie Magdalene s. u. Lucie Magdalene Claudius
Hofmannsthal, Hugo von 7
Hölderlin, Friedrich 71
Holstein, Graf 17, 21
Hölty, Ludwig Christoph Heinrich 8, 35, 41, 46, 51, 52
Hufeland, Christoph Wilhelm 13
Humboldt, Alexander von 63
Humboldt, Caroline Friederike von 108
Humboldt, Wilhelm von 10, 52, 63, 71, 73, 108; Anm. 96
Hume, David 14

Jacobi, Friedrich Heinrich 9, 63, 67, 68, 71, 72, 82, 83, 93, 98, 107, 117, 118, 121; Anm. 95, 122, 172; *64, 109*
Jacobi, Max 107 f
Jesus 33, 76, 108
Johannes 114
Johannes vom Kreuz (Juan de Yepes Álvarez) 71

Kant, Immanuel 9, 82, 117, 188; Anm. 126; *119*
Kantzenbach, Friedrich Wilhelm Anm. 29
Karl August, Herzog von Sachsen-Weimar 51
Karoline Mathilde, Königin von Dänemark und Norwegen Anm. 38
Katharina II. die Große, Zarin 52
Katharina von Siena (Katharina Benincasa) 71
Kaufmann, Christoph 51
Keller, Gottfried 10
Kelletat, Alfred Anm. 49
Kleist, Heinrich von 10
Kleuker, Johann Friedrich 121
Klinger, Friedrich Maximilian von 7, 93
Klopstock, Friedrich Gottlieb 10, 15, 18, 19, 21, 22, 25, 26, 30, 31 f, 35, 41, 51, 53, 73, 79, 93, 121; *20, 109*
Knebel, Karl Ludwig von 67
Kraft, Herbert Anm. 13

La Roche, Sophie von 64
Lavater, Johann Kaspar 51, 52, 72, 93, 95; Anm. 86, 145; *97*
Leibniz, Gottfried Wilhelm Freiherr von 14
Leisching, Polykarp August 30
Lenz, Jakob Michael Reinhold 7, 93
Lessing, Gotthold Ephraim 9, 10, 12, 13, 15, 21, 25, 26, 29, 31, 35, 36, 40, 41, 52, 93, 118; Anm. 27, 28, 29, 122; *24*
Lichtenberg, Georg Christoph 40, 41, 52
Locke, John 14
Loos, Waltraud Anm. 101
Lorck, Brigitta 11
Lorck, Jeß Lorenzen 11
Lorck, Josias 17
Lorck, Maria s. u. Maria Claudius
Lorenz s. u. Johann Lorenz Boekmann
Löwe, Gottlieb 66; Anm. 86
Löwen, Johann Friedrich 25; Anm. 27
Ludwig IX., Landgraf von Hessen-Darmstadt 53
Ludwig XIV., König von Frankreich 97; Anm. 151
Luther, Martin 9, 110, 123; *124*
Lutten, Brigitta von s. u. Brigitta Lorck

Macpherson, James 19
Maler Müller s. u. Friedrich Müller
Marggraf, Georg Michael Anm. 17
Maria Theresia, Kaiserin 90; *90*
Matthisson, Friedrich von 63

Mendelssohn, Moses (Moses ben Menachem Mendel) 9, 21, 82; Anm. 122
Merck, Johann Heinrich 15, 26, 53, 55, 62, 63, 64, 93; Anm. 13, 65, 72; *54*
Miller, Gottlob Dieterich 41
Miller, Johann Martin 35, 41, 46, 51, 59, 68
Moltke, Gottlob Graf von 13, 19
Mörike, Eduard 118
Moser, Friedrich Karl Freiherr von 50, 53, 54, 55, 57; *56*
Moser, Johann Jakob 54
Müller, Adam Heinrich, Ritter von Nitterdorff 80
Müller, Christian August 23
Müller, Friedrich 55

Newald, Richard Anm. 22
Newton, Sir Isaac 18, 97
Nicolai, Christoph Friedrich 17, 21, 25, 51, 62, 67 f, 93; *51*
Nicolai, Heinz Anm. 95
Nicolovius, Georg Heinrich Ludwig Anm. 108
Nietzsche, Friedrich 12
Novalis (Georg Philipp Friedrich von Hardenberg) 7, 71, 79, 80

Opitz, Martin 72
Overbeck, Johann Christoph 75
Overberg, Bernhard Heinrich 71

Pascal, Blaise 98
Passavant, Jacob 51
Paulus 102, 123
Perthes, Caroline s. u. Maria Caroline Elisabeth Claudius
Perthes, Friedrich Christoph 76, 98, 105, 107, 126; Anm. 97, 178, 187, 188; *77, 109*
Pestalozzi, Johann Heinrich 8
Petrus 8
Platon 97
Preisler, Johann Martin 19, 46

Ramsay, Allan 96; Anm. 146
Reinhard, Karl Anm. 135
Reisiger, Hans Anm. 31, 32
Reventlow, Graf Fritz von Anm. 172
Rilke, Rainer Maria 8
Roedl, Urban (Bruno Adler) 13, 18; Anm. 11, 12, 21, 52, 62, 78, 85, 184, 192
Rousseau, Jean-Jacques 7, 19
Runge, Philipp Otto 75

Saint Martin, Louis Claude de 14, 65, 82, 97; Anm. 86, 96
Savigny, Friedrich Karl von Anm. 142
Schiller, Friedrich 10, 13, 60, 68 f, 71, 82, 84, 94, 121; Anm. 96, 191; *70*
Schimmelmann, Heinrich Karl Graf von 30, 32; *31*
Schlabrendorff, Gustav Freiherr von 66, 100
Schlegel, August Wilhelm 12, 108
Schlegel, Caroline 108
Schlegel, Dorothea 108
Schlegel, Friedrich 7, 10, 12, 75, 79, 80, 108
Schlettwein, Johann August 14
Schlözer, August Ludwig von 93
Schnitzler, Arthur 7
Schönborn, Gottlob Friedrich Ernst 17 f, 19, 21, 22, 32, 33, 35, 41, 63
Schroeder, Friedrich Ludwig 107
Schubert, Franz 86
Semler, Johann Salomo 82; Anm. 177
Shakespeare, William 18, 19
Sokrates 97
Spinoza, Baruch de 93
Sprickmann, Anton Matthias 21, 52, 63; Anm. 23
Staiger, Emil Anm. 96
Stammler, Wolfgang 54; Anm. 23, 26, 31, 33, 39, 69, 73
Stein, Charlotte Albertine Ernestine von 68
Sterne, Laurence 93
Stifter, Adalbert 10, 110, 118
Stolberg-Stolberg, Christian Reichsgraf zu 19, 41, 51, 65, 98, 100; *109*
Stolberg-Stolberg, Christian Günther Reichsgraf zu 19
Stolberg-Stolberg, Friedrich Leopold Reichsgraf zu 9, 19, 41, 51, 63, 65, 71, 98, 100, 121 f; Anm. 172; *109, 120*
Stolberg, Gräfin 36

Struensee, Johann Friedrich Graf von 32, 82; Anm. 38
Sturz, Helfrich Peter 19
Sudhof, Siegfried Anm. 101
Swedenborg, Emanuel (Emanuel Svedberg) Anm. 86
Swift, Jonathan 114

Tauler, Johannes 72
Tersteegen, Gerhard (Gerit ter Steegen) 71
Thieß Anm. 134
Trakl, Georg 8
Trunz, Erich Anm. 101

Valentin, Karl (Valentin Ludwig Fey) 84
Voß, Ernestine Anm. 72
Voß, Johann Heinrich 8, 17, 35, 41, 46, 51, 54, 55, 59, 63, 64, 68, 71, 82, 83, 98, 121; Anm. 54, 66, 68, 126, 135, 172; *44, 122*
Vulpius, Christiane s. u. Christiane von Goethe

Wagner, Cosima 110
Wagner, Heinrich Leopold 68
Wagner, Richard 110
Wehrs, Georg Friedrich 41, 104
Weigand 51
Weiße, Christian Felix 17
Wenck, Johann Martin 62
Wieland, Christoph Martin 10, 19, 42, 53, 62, 64, 93, 94; *95*
Winckelmann, Johann Joachim 21
Wolff, Christian Freiherr von 14

Zimmermann, Johann Georg Ritter von 52
Zinzendorf, Nikolaus Ludwig Reichsgraf von 114
Zwingli, Huldrych 123

ÜBER DEN AUTOR

Peter Berglar. Geboren 1919 in Kassel, aufgewachsen in Darmstadt. 1937 Abitur. Medizinstudium in Frankfurt und Berlin. Ärztliches Staatsexamen 1943 in Frankfurt am Main; Promotion zum Dr. med. 1944. Soldat seit 1939, zuletzt als Sanitätsoffizier in Italien. Amerikanische Kriegsgefangenschaft 1945/46.

1946 bis 1949 Redakteur bei den «Frankfurter Heften», Lektor des Verlags Josef Knecht in Frankfurt, Mitwirkung am naturwissenschaftlichen Lektorat des Herder Verlags. 1949/50 Mitherausgeber der Monatsschrift «Die Aussprache» in Mainz. Erste Veröffentlichungen von Gedichten, Aufsätzen, Erzählungen, Rezensionen.

1951, nach Übersiedlung nach Köln, Wiederaufnahme des ärztlichen Berufes; Fachausbildung als Internist. Eigene Praxis 1956 bis 1966.

1966 Beginn des Geschichtsstudiums an der Universität in Köln. 1969 Promotion zum Dr. phil. mit der Schrift «Walther Rathenau, seine Zeit, sein Werk, seine Persönlichkeit», die 1970 in Bremen als Buch erschien. Seit 1971 Professor für Mittlere und Neuere Geschichte an der Universität zu Köln.

Wichtige Publikationen: 1955 «Das Salz der Erde» (Roman), Bonn; 1957 «Rückkehr nach Reims» (Erzählung), Bonn; 1958 «Meine Johanna» (Roman), Bonn; 1959 «Schiller oder Der heroische Irrtum» (Essay), Bonn; 1961 und 1966 Aufsatzsammlungen «Welt und Wirkung» und «Personen und Stationen»; 1965 «Die gesellschaftliche Evolution der Menschheit», Bonn; 1966/67 «Der Erfolg» (Roman), Wien. In «rowohlts monographien» erschienen «Annette von Droste-Hülshoff» (Nr. 130) 1967 und «Wilhelm von Humboldt» (Nr. 161) 1970.

QUELLENNACHWEIS DER ABBILDUNGEN

Staatsarchiv, Hamburg: 31, 34, 37, 47, 65, 66, 79, 85, 92, 103, 105, 109, 110, 115, 117, 126 / Museum für Hamburgische Geschichte, Hamburg: 28, 33, 58, 61, 113 / Staatliche Landesbildstelle, Hamburg: 36 / Dr. Hans Agricola, Hamburg: 48, 49, 107 / Staatsbibliothek, Berlin: 22/23, 24, 26, 27, 40, 51, 54, 62, 90, 100 / Historia-Photo, Bad Sachsa: 19, 20, 38 oben, 44, 56, 67, 70, 77, 87, 119, 122 / Archiv für Kunst und Geschichte, Berlin-Nikolassee: 45, 72, 95, 96 / Ullstein-Bilderdienst, Berlin: 14, 18, 52 / Conti-Press Heinz Fremke, Hamburg: 127 / Photo Wilhelm Castelli, Lübeck: 88/89 / Aus: Urban Roedl, Matthias Claudius (Rowohlt Verlag, Hamburg 1950): 6, 16, 64, 106, 120 / Aus: Urban Roedl, Matthias Claudius (Friedrich Wittig Verlag, Hamburg 1969): 11, 32 / Rowohlt-Archiv: 38 unten, 42, 43, 69, 75, 81, 97, 101, 124